JN198931

桐生市事件

生活保護が歪められた街で

小林美穂子　小松田健一

地平社

まえがき

小林美穂子

「生活保護費が一日一〇〇〇円しか渡されず、月三万円台で生活をしている人がいる」

「生活保護になっているのに保護費を満額支給されず、割れた窓ガラスを段ボールでふさいで寒さを耐える人がいる」

反貧困ネットワークぐんまで生活困窮者の支援に奔走する仲道宗弘さんからそう聞いた時、あちこちの自治体で不適切な対応を見てきた私でも、まさかそんなことが？ と、にわかには信じられなかった。

二〇二三年の晩秋、仲道さんが開いた群馬県桐生市のパンドラの箱からは、その後、ありとあらゆる違法行為や不適切行為が毒ガスのように吹き出した。そのどれもこれもが前代未聞で度を越しており、違法性もきわめて高く、犯罪と呼ぶのに躊躇しないレベルのものも少なくない。

さまざまな違法・不適切行為の数々は調査によって明らかになったものの、最大の謎は、「真面目」と評される公務員が、どうしてこれほどまでに違法性の強い独自ルールを築き上げ、長年にわたってその行為を繰り返してきたのかということだった。いつ、誰が、どのようにこの体制をつくりあげてきたのか。その責任の所在は、問題発覚から一年以上が経過した二〇二五年二月現在、まだ曖昧なままである。

二〇二四年三月から始まった「桐生市生活保護業務の適正化に関する第三者委員会」を二回目から傍聴していた私は、第三者委員会の検証の場においてもシラを切ったり、虚偽の答弁をしたりする桐生市側の態度に不信感を募らせていた。夏の終わり頃になると「桐生市はこのまま逃げ切るつもりではないか」との疑いが濃くなっていった。それほどまでに桐生市は姑息で巧妙だった。

かつては問題を起こせば責任を取るのが当たり前だったものだが、ある時期からこの国で、どんな不正もシラを切りとおせば逃げおおせることができる国になっている。誠実や正直さの価値は失われ、デマが事実を上書きできてしまう昨今、どんな手を使っても逃げ切れば勝ちの世の中である。鯛は頭から腐るとはよく言ったもので、北関東の端っこの桐生市でも、そんな手法が使われている。

さっさと謝罪だけして、あとはできるだけシラを切って傷の拡大を抑え、指摘されたことはある程度改善しながらも、決して本質的な根本原因には近づかせない。生活保護の申請をさせない「水際作戦」が長く行なわれていたことも認めない。時間稼ぎをして世間が桐生市問題をあっさり忘れるのを待つ、そんな姿勢がうかがえた猛暑の頃、地平社の編集長から書籍化のお誘いを受けた。

貴重なオファーではあったが、これまで生きてきた中で、もっとも過酷なのではないかと思うほどに試練の日々を送っていた私にはとても無理だと、一度はお断りした。しかし、桐生市の悪行が露呈すればするほどに、市民が受けた深い傷を聞けば聞くほどに、加害行為や犯罪行為をまるで誤解か、不幸な出来事のように他人事で語る桐生市を、はいそうですか、で済ませるわけにはいかなくなった。

桐生市が八回続いた第三者委員会の追及を逃れてしまえば、この事件はいずれ風化する。ネットに上がっている新聞記事なども有料記事が多いし、時間とともに消えたりもするだろう。

市民に奉仕する市役所の、とりわけ市民の生活と命を守るはずの福祉課の窓口で、職員たちがいかに助けを求めてやってきた人々を追い散らし、生活保護率を半減させたか。そのすべてを記録するには紙面が足りないほどだが、象徴的なものを記録として残すべく、事件発覚から桐生市を取材しつづけてきた東京新聞前橋支局（当時）の小松田健一記者と書籍化を決断した。

なかったことになど、させないために。

他人事ではないのだ。私やあなたが今後、健康を損なったり、何らかの事情で働けなくなったりした時に、助けを求めた先の福祉事務所が、助けないどころか怒鳴りつける、制度の利用をさせない、そんなことが起きてもおかしくないのだ。実際に桐生市では起きていた。

仲道さんが命がけでこじ開けた桐生市福祉課の箱。まだ底にべったりとはりついた毒を完全に取り除き、きれいになった箱で健全な福祉行政が営まれ、市民一人ひとりの生活と命が大切にされ、守られんことを祈りつつ、ここに記録を残す。

目次

＊本書において、敬称は基本的に省略させていただいたが、一部、残している場合もある。

第 1 章

「1 日 1000 円」の衝撃

Part 1 事件発覚

小林美穂子

その日、私は週一回のカフェ営業を終え、ようやく一週間が終わる安堵の気持ちで事務所に向かった。その日一日に出たゴミを廊下で整理していると、プライベートなパートナーでもあり同僚でもある稲葉剛に大きな声で呼ばれた。時に聴き取るのに苦労するほど声が小さく、きわめて穏やかな性格の稲葉が大声を出すこと自体、ただならぬ事態を予感させたが、それでもその後に続いた言葉は予想をはるかに超えて私を打ちのめした。

「仲道さんが亡くなった」

え、何を言っているのだろう。言葉の意味を理解するまでの時差、それから心が叫ぶ。うそだうそだうそだうそだ！　何かの間違いだ、そんなことあるはずがない、あってはいけない。だって、仲道さんは、ほんの一週間前にネットラジオで、群馬県桐生市の生活保護問題を語っていた。五日前にも桐生市の第三者委員会のことでＬＩＮＥを交わしたばかりだ。何かの間違いに違いない。

切羽詰まった表情で情報源を確かめ、どうやら本当のことらしいと分かった後も、とても受け入れることができない。混乱して私は事務所の屋上に駆け上がり、仲道さんと桐生市問題を追いかけてきた東京新聞前橋支局の小松田健一記者に電話をした。いつも空の色や街の風景を楽しむ屋上の、この夜の景色や風のことを私は何一つ覚えていない。

群馬県内の生活困窮者支援に東奔西走し、桐生市の生活保護行政の問題を可視化、追及を続けていた仲道宗弘司法書士が、二〇二四年三月二〇日、くも膜下出血のため死去した。享年五八歳。桐生市の生活困窮者の生活再建に尽力し、生活保護利用者の尊厳と権利を守るために、盾となって福祉課と対峙しつづけた。国家賠償請求裁判が決まり、弁護団が結成され「支援の仲間がどんどん増えてきた。これからです」とメッセージを送ってきた矢先に、志半ばで倒れた。

仲道さんとの出会い

私と仲道司法書士との出会いは、今から一〇年以上前にさかのぼる。

二〇一三年に「反貧困ネットワークぐんま」を立ち上げた仲道さんから律儀にもご連絡をいただいた。当時、私は東京都内の生活困窮者支援団体で働いており、さまざまな生活相談をお聴きする立場にいた。そこそこ知名度もある団体だったため、都外からの電話相談も多かった。地方からのご相談はその地域の支援団体に動いてもらうしかない。反貧困ネットワークぐんまが設立されてからというもの、群馬県のご相談は仲道さんにおつなぎするようになった。

翌年、東京都中野区に、「住まいは人権」を旗印として「一般社団法人つくろい東京ファンド」が設立された。私も立ち上げスタッフの一人になり、生活相談に加え、就労場所兼居場所としての「カフェ潮の路」のコーディネーターの仕事も始まり、多忙な日々を送っていた。

群馬県で精力的に生活困窮者支援を始めた仲道さんはＳＮＳ上で、前橋市の過酷な市税徴収問題などを発信されていたが、自分の持ち場だけで手一杯だった私は、どちらかといえば仲道さんが投稿する美しい風景写真や美味しそうなラーメンの写真に目を奪われていた。東京でお目にかかった時にも、私は群馬県の問題をどこか他人事のように聞いていた。まさかそれから一〇年後に桐生市に通うことになるなんて、露《つゆ》ほども思わずに。

仲道さんがＳＮＳに投稿する風景写真に目を奪われたのは、どこまでも広い空や、山や川の美しさもさることながら、それらが私にとって懐かしい景色だったからだ。私は群馬県で生まれ、二〇歳すぎまで県内を流れる利根川を見て育った。

小学校時代の運動会の組分けは県内の山の名前で、私は「あかぎ」チームだった。群馬県民と山は切り離せない。

電車通学をしていた高校時代、車窓から見ていた赤城山は、季節ごとに色が違って見えた。夕やみが迫る頃になると山の稜線がくっきりし、空が薄い青と桃色のグラデーションになる。色見本のような空に一番星が瞬《またた》き、木々が切り絵のように浮かび上がる。息を呑むほどに美しくて、ちょっと切なくなるその時間帯が、子どもの頃からとても好きだった。

でも、私にとって故郷は、窮屈でただただ息苦しい場所だった。あまり良い思い出がなく、特にここ一五年ほどはまったく戻ってもいなかったが、山に囲まれ、豊かな水が流れる土地の景色を見ると心がほぐれ、深呼吸したような気持ちになる。山も川も空も、私が私であることを責めることも、圧を加えることもなく、ただ、いつもそこにいてくれた。

もう帰ることもないだろうと思っていた故郷に再び通うことになったのは、二〇二三年の夏。実家近くで暮らしていた弟が五四歳で急死したからだった。

いきなり跡継ぎを失った実家は大変な混乱に見舞われた。「混乱」なんて言葉ではとうてい収まらないほどの、それは修羅場だった。

私は弟が亡くなったその夜に、泊まっていたホテルから仲道さんに電話をかけて助けを求めた。どう処理していいか分からないほどの家族の悲しみや怒り、苦しみ、困惑、あらゆる負の感情がもっともぶつけやすい相手にぶつけられ、衝突しあう状況下で、信じられるのは法律だけだった。弟の死を境に、私は家族の問題でも法律家である仲道さんを頼ることになった。仲道さんがいてくれることだけが救いだった。

仲道さんはその頃から桐生市をはじめとする県内の生活困窮者支援に忙殺されていた。そこにさらに私は自身のプライベートな問題まで上乗せしてしまったのだが、仲道さんは決まって「大丈夫ですよ」と余裕の笑顔で、私や弟の家族を安心させてくれた。

報道始まる――小松田記者との出会い

仲道さんから電話で法的手続きの進捗報告を受けていた二〇二三年一一月、彼が支援する桐生市の生活保護利用者が、保護決定後も毎日一日一〇〇〇円しか支給されていなかったケースを聞いた。「ひどいんですよ。桐生は本当にひどい」。憤りを隠せないように、仲道さんは電話越しにぼやいた。

「一日一〇〇〇円」と聞いて、耳を疑った。意味が分からない。「いやいや、まさか」と思った。インパクトが強烈すぎて、そして想定外すぎて、私の中の正常性バイアスが作動してしまったほどだ。

あちこちの自治体の福祉事務所で、あの手この手の水際対応や、相談者や利用者の尊厳を踏みにじるひどい対応を見聞きしている私ではあるが、「一日一〇〇〇円」は聞いたことがない。だって、それでは一カ月分にしても生活保護費の半額程度にしかならないではないか。明確な生活保護法違反だし、憲法二五条が謳う「すべて国民は、健康で文化的な最低限度の生活を営む権利を有する」にも反している。とはいえ、待て待て。仲道さんが嘘をつくわけないではないか、と私は正常性バイアスのスイッチを切って、あらためて詳しく話をうかがいたいと申し出た。

約束した日、仲道さんは移動中に車を路肩に停め、電話取材に応じてくださった。すでに仲道さんたちによる記者会見を受けて新聞各社が報じてはいたが、二〇二三年一二月、ネットメディアの週刊女性PRIMEに掲載された私の記事は新聞記事とあいまって多くの方に読まれ、桐生市という北関東の街が全国に知られることになった。

記事掲載後、週刊女性編集部に匿名の電話があった。「よく書いてくれた。それだけ言いたかった。ありがとう」と告げて電話を切った方がいらしたとの編集者からの報告を仲道さんにメールしながら、電車の中で私は泣いた。今回の告発者の背後には、同じようなひどい目にあって苦しんでいる人たちがたくさんいる、そう確信した。告発者が開いた桐生市のブラックボックス。

その後、「桐生市はまだこんなことをしているのかと呆れた。記事に救われた」と、別の被害者からも連絡をいただき、私は桐生市の闇に迫っていくことになる。

一日一〇〇〇円の記事が週刊誌に掲載されて一〇日後の一二月一八日に、群馬司法書士会・社会福祉士会・精神保健福祉士会・弁護士会の四団体共同で、桐生市の生活保護運用に関する問題について声明を発出すると仲道さんから聞いた。また、同日、荒木恵司市長が定例記者会見で謝罪会見を行なうと知るや、私は是が非でも市の言い分を聞きたいと思った。その旨おずおずと申し出ると、仲道さんは「大丈夫だと思いますよ。来たらいいんじゃないですか？」といつもの良い声でおっしゃった。私は意を決して、あちこちに問い合わせをし、記者会見を取り仕切る「カンジシャ」（幹事社）という耳慣れない言葉や決まり事にアタフタしながらも、初めて「ライター」

を自称し、名刺の肩書「カフェ潮の路コーディネーター」にボールペンで横線を引っぱり、気弱さが溢れるよれた字で「ライター」と書いて、初めて桐生市市役所に足を踏み入れた。完全アウェーの記者クラブで出会ったのが、それから共に桐生市問題を取材することになる東京新聞前橋支局の小松田記者だった。

Part 2

専門家も驚く実態

小松田健一

私の桐生市事件は、二〇二三年一一月二一日付の東京新聞社会面に掲載された、この記事から始まった。

群馬県桐生市が五十代男性に、生活保護費を一日千円ずつ手渡して全額支給しないなどの問題があり、群馬司法書士会が二十日、運用改善を求めて荒木恵司市長宛ての要請書を提出した。厚生労働省も、市の対応を「適切とは言えない」としている。

要請書によると、男性は七月二十六日に市福祉事務所に生活保護を申請し、八月十八日から受給が始まった。支給額は月額約七万円と決まったが、市側は一日千円を窓口で手渡し、月に計三万円ほどしか支給していなかった。手渡す際も、求職活動のためハローワークに行ったことを確認していた。司法書士会は、全額を支給しなかったことや、支給に条件を付けることはいずれも違法と指摘している。男性は十月十二日に司法書士とともに市福祉事務所を訪れ、未支給分十三万四千百八十円を受け取った。

市福祉課は「個別のケースについては答えられない」とし、「社会復帰を目指した生活指導の一環で、本人の同意を得て適正に行っている」と主張している。

一方、男性は本紙の取材に「一日千円では生活できないと話したが、頭ごなしに説明された。支給を受ける立場なので、そういうものかと思ってしまった」と話した。同意を示す書面などはないという。厚生労働省保護課は「約七万円の保護費決定が出ているにもかかわらず、総支給額がそれに届かないのは適切とは言えない。必ずしも一カ月分をまとめて支給しなければいけないわけではないが、あまり聞いたことがない」としている。


記事のもととなる一報がもたらされたのは前日の同月二〇日、群馬司法書士会が群馬県庁の記者クラブ（通称・刀水《とうすい》クラブ）に行なった資料提供である。当時、東京新聞前橋支局長の職にあった私は、県政を担当する支局員の羽物《はぶつ》一隆記者が持ち帰ってきたA４判一枚の要請書を一読した。

私は生活保護行政の取材をした経験がほとんどなく、いわゆる「水際作戦」など、行政が恣意《しい》的に保護を絞り込んでいるといった問題を報道などで目にしていた程度だ。しかし、要請書に書かれていた内容に、私は言葉を失った。

「こんなひどいことが、現実に行なわれていたとは」

東京新聞前橋支局は、群馬県内のさまざまなニュースを取材し、群馬・栃木両県に配達されるローカル版の「群馬・栃木版」へ主に記事を出す。しかし、これはローカルニュースではなく、多くの読者へ知らせるべきニュースだと直感した。

怒りの記者会見

羽物記者には首都圏全域の読者が目にする社会面への出稿を指示し、私も厚生労働省保護課にコメントを求めるなどの補足取材をした。ほどなく、群馬司法書士会副会長で、本件を担当していた仲道宗弘と連絡が取れた。翌二一日午前に桐生市役所で当事者の山本守男（仮名）とともに記者会見を開く予定だという。

そして迎えた当日。山本は定刻の少し前、市役所二階の記者クラブへ仲道とともに姿を見せた。革ジャンにジーパンの装いで表情は硬く、慣れない状況に少し緊張しているように思えた。会見はまず、仲道が事案の概要を説明した。自らが二〇一三年に立ち上げた市民団体「反貧困ネットワークぐんま」の代表でもある仲道は、数多くの生活困窮者を支援してきた。その豊富な経験をもってしても、今回は「きわめて異常な事案」なのだという。

生活保護費を分割して支給すること自体は、必ずしも違法ではない。たとえば、保護利用者にギャンブルなどの浪費癖があり、一カ月分をまとめて渡すとただちに使い切ってしまう可能性が高い場合は、生活保護実施機関である福祉事務所（都道府県、政令市、一般市が設置する）が利用者の同意を得たうえで分割することはある。それでも、分割回数は月二回や週一回程度が一般的で、何よりも合計額は支給額満額でなければならない。

仲道は「日割りの分割も、満額に届かないことも、聞いたことがない」と語った。しかも、支給は銀行振込ではなく現金の手渡しで行なわれたため、山本は市役所へ毎日足を運ぶ必要があった。

仲道によるひととおりの説明が終わると、山本は淡々とした様子で自身の身の上や「一日一〇〇〇円」に至った経緯を語りはじめた。

山本は地元の中学校を卒業後に就職し、建設現場の作業員として社会人生活を始めた。しかし、工事現場で事故にあったり、結核を患ったりして、どの職場も長続きしなかった。さらに糖尿病を患ったことで長時間の歩行が難しい健康状態となり、体力が必要な建設現場での仕事は不可能になった。山本は「働く意思はあったけど、体がついてこなかった」と振り返った。数年前に親族から金銭的な援助を受けるなどしてしのいできたが、それも途絶えて所持金が底をついた。二〇二三年七月二六日に支援団体関係者の手助けを受け、桐生市へ生活保護を申請した。保護は受けられることになったが、その内容は山本がまったく予想しないものだった。

市福祉課のケースワーカーは山本に「山本さんの場合、支給額は一日一〇〇〇円ずつです。ハローワークへ毎日行って求職活動をしてください。窓口で書類に印鑑を押してもらい、私たちがそれを確認できたら一〇〇〇円をお渡しします」と告げた。驚いた山本は思わず「そんな金額じゃ暮らしていけませんよ。なぜですか？」とケースワーカーを問いただした。しかし、返ってくる答えは「法律でそう決まっていますから」の繰り返しで、埒《らち》が明かなかった。市が山本へ交付した「保護決定通知書」には、七万円強の八月分保護費が記載されていたにもかかわらず、だ。

一〇〇〇円は封筒ではなく、裸の紙幣のまま渡された。金曜日は週末分を含めて三〇〇〇円を渡され、光熱費や携帯電話料金は業者からの請求書を提示することで別途支払われた。八月の支給額は三万三〇〇〇円、九月は三万八〇〇〇円、決定額の半分程度にとどまった。

山本は桐生市郊外の公営住宅で単身生活を送る。保護を受けて困窮から脱するための光が見えたかと思いきや、むしろ出口が見えないトンネルの中へ放り込まれてしまった。

ハローワーク桐生（桐生公共職業安定所）は市街地で市役所に隣接している。車を持たない山本はわずかな運転本数のバスで通って求職活動に勤しんだが、還暦に近づき、健康状態が万全ではない男性が新たな職を得るのは困難を極めた。しかも、公共交通機関が不便な桐生市内やその周辺地域は、年齢を問わず車が日常的な移動手段となっている。求人先の多くは車通勤が必須な立地で、就労の壁はさらに高くなった。

生活保護利用者は保護実施中に原則として車を所有できず、所有していた場合は売却して生活費に充てるよう求められる。通院に必要など一定条件を満たした場合だけ例外的に認められるのだ。仲道は「車を手放すことになるのを避けるため、保護申請をしない生活困窮者は群馬県内に相当数いるはず」と指摘していた。

山本が市へ提出した「求職活動状況・収入申告書」の写しによると、九月はハローワークへ計二〇日間通った。だが、求人があってもほとんどが書類選考で不採用とされ、具体的な選考までたどり着いたのは不動産管理業と清掃業の二社だけ。山本によると、いずれもパートタイムの仕事で、不採用だった。すると、ケースワーカーは追い打ちをかけるように「フルタイムの仕事に就かなければ、保護を打ち切りますよ」と告げた。

所持金がわずかであっても、食べなければならない。山本は自宅最寄りのスーパーで夜まで待ち、半額シールが貼られた安い総菜で腹を満たした。こうした総菜は揚げ物が多く、糖尿病患者には好ましくないが「背に腹は代えられなかった」という。夏から初秋にかけては住居に害虫が増えたが、殺虫剤を買うゆとりはなかった。

行きづまった山本は、最初に申請へつなげた支援団体に相談する。そこで紹介された仲道が桐生市に申し入れ、一〇月一二日に二カ月間の未払い額と、一〇月分の満額一三万六一八〇円を受け取った。

山本が示した保護費の受領記録には、山本の手書きで「令和5年8月18日　生活ヒ　¥２０００受け取りました　〇〇〇〇（山本の実名と、印鑑の印影）」などと記されていた。

厳しい生活を振り返りながら、山本は憤懣やるかたない様子だった。

「社会復帰しようとしても、一日一〇〇〇円では子どもだって暮らせないですよ。自分が何か悪いことをしたのかと思った」

桐生市から分割支給を告げられた時は「一カ月待てば、全額をもらえると思っていた」と楽観的に考えていたという。だが、一カ月が過ぎても同じだった。会見では「自暴自棄になり、刑務所へ入ったほうがまだマシだと思った」と吐き捨て、仲道が「そんなことを言うものじゃないよ」とたしなめる場面もあった。

仲道は「桐生市には彼に罰を与える権限などないが、本人は罰を受けたように感じています。生活保護法の目的は自立なのに、そこから遠ざけるような気持ちにさせた。弁護士と相談し、国家賠償訴訟も検討しています」と語った。

「説明不足」の問題？

約一時間にわたった二人の記者会見が終わってすぐ、福祉課長の小山貴之が記者クラブで取材に応じた。

小山は「個別の事例にはお答えできません」と繰り返した。一方で「口頭で合意を得たという認識です」「金銭管理が不十分といった場合は、こちらでお預かりして分割支給する場合もあります」と話し、山本の訴えは事実との前提で質疑が進んだ。

小山はまた、利用者に必要な指導、指示ができると定める生活保護法二七条一項にもとづいた指導を行なう場合はあると説明した。ただ、同条二項と三項は、利用者の自由を尊重して必要最小限度にとどめ、強制してはならないとも規定する。私は小山にその点をただしたが、強制という認識はないとの回答で、ハローワークへ行くことを支給条件にしたこともないと主張した。そして「受給者の事情に沿って対応しています。本人の同意を得て分割し、決定額に満たなかった分を市が預かったという認識で、群馬司法書士会からの申し入れを受け、説明責任を果たしていなかったと真摯に受け止めています」と話し、対応に違法性はなく、論点をあくまでも利用者への説明不足という一点にとどめようとする意思を感じた。

東京新聞前橋支局がある前橋市と桐生市の間は国道五〇号線で約二五キロメートルあり、車だと順調に走っても一時間強かかる。私は記事を書くために支局へ取って返し、貧困や生活保護の問題を長く取材している社会部記者の中村真暁から紹介を受けた花園大学教授の吉永純に電話でコメントを求めた。吉永は京都市でケースワーカーとして生活保護業務に携わった経験があり、困窮者支援行政の実務、理論双方に通じた専門家だ。

私が吉永に「一日一〇〇〇円」の概略を伝えると、「本当ですか？　まったく聞いたことがないですよ」と、非常に驚いていた。「仮に市と当事者の間で分割支給の合意があったとしても、満額を支給しなかった事例を私は知りません。生活保護法違反の疑いが強い重大な人権侵害です」と、市の違法性は明確であると断言した。ハローワークでの求職活動を支給条件とした市の「就労指導」に対しても「食うや食わずの状態での就労指導はおおいに問題です」と批判した。

群馬司法書士会が報道発表する前日の一一月二〇日、山本は仲道の同行を受けて桐生市福祉課を訪れている。事前に市へ提出していた質問状に対する回答を受けるためだ。仲道は音声を録音していた。市職員三人が応対し、それぞれが自己紹介した後、市職員が山本に保護決定通知書を手渡すところから始まっていた。

仲道は山本が保護を申請した後の経過を事務的に確認していく。続いて、福祉課職員Aが「被保護者は、常に、能力に応じて勤労に励み、自ら、健康の保持及び増進に努め、収入、支出その他生計の状況を適切に把握するとともに支出の節約を図り、その他生活の維持及び向上に努めなければならない」と定める生活保護法六〇条の条文を読み上げ、なぜ分割支給したか、理由の説明を始めた。それによると、山本の借金が膨らんで金銭管理に不安があるため、同法を根拠に分割するとの趣旨だった。はっきりとは聞き取れなかったが、山本はそうした指摘に不満を口にしたようだ。仲道が「後で言い分を言う時間があるから」ととりなした。

Aの説明は続く。市は山本の保護申請を受けた後、山本の主治医へ就労能力を聞き取ったという。その際、フルタイム労働が可能で、工事現場での車両誘導などの肉体労働も可能という回答があり、山本に一日でも早く自立してほしいとの思いから、ハローワークで仕事を見つけて自立をしてほしい、なおかつ一日一〇〇〇円で節約をしてほしいとの思いから実施したのだという。山本は納得できないようだった。自立しようにも、それを妨げる額しか受け取れなかったのだから、当然だろう。

市長の謝罪

問題が表面化してから一〇日後、ようやく桐生市が動いた。一一月三〇日午後になり、荒木恵司市長が謝罪のコメントを発表した。ペーパーには「市民の皆さまに多大なるご迷惑、ご心配をおかけしたことを深くおわび申し上げます」としたうえで、運用改善を求めた群馬司法書士会の要請書を真摯に受け止めると表明。「改善すべき点は改め、今後も生活保護受給者に寄り添いながら、より適正な運用に努めてまいります」と記されていた。

しかし、記者会見は開かれなかった。市長の定例会見ペースは原則として月に一回。次回は一二月一八日だった。コメント発表にとどめた対応に、事態に対する市の認識の甘さを感じざるをえなかった。

また、市は不可解な行動に出た。一二月一四日、伊勢崎市に所在する仲道の事務所を副市長の森山享大《たかひろ》ら市幹部三人が訪れたのだ。しかし、仲道は森山らが謝罪対象を明確にせず、違法性の有無も明言しなかったため、「私が会っても意味がない」と、事実上門前払いした。

そして迎えた一二月一八日午後二時、桐生市役所三階の会議室で荒木市長の定例記者会見が開かれた。一連の問題が明らかになって以降、荒木が公に会見するのは初めてだった。会見場には私を含めて十数人の記者が集まった。

この時、私は取材者の一員としてやってきた小林美穂子と初めて対面した。「私も入れますかね？」と不安そうな小林に、私は「記者クラブ会員以外が出られないというルールはないので、クラブ幹事社へ事前に声かけして了承を取れば問題ありません」と助言し、彼女もすんなり出席できた。

記者と正対する「ひな壇」には荒木、森山、保健福祉部長の助川直樹、福祉課長の小山貴之の四人が座った。荒木は同市出身。市議三期、県議一期を経て二〇一九年四月の市長選で初当選し、二〇二三年四月に再選を決めて二期目に入っていた。中学、高校、大学と野球部に入り、無類の野球好きとして知られている。市政でも野球を通じた地域振興に力を入れ「球都桐生」のスローガンを掲げていた。

会見の冒頭、荒木が立ち上がり、発言した。

「不適切な多くの対応をしてしまったことを、この場をお借りして生活保護受給者の皆様に深くお詫びする次第です」

そう述べ、他の三人とともに深々と頭を下げた。一二月三一日付で助川の保健福祉部長職を解いて総務部参事へ異動させ、保健福祉部長は当面、森山が兼務すること、さらに第三者委員会と内部調査チームを設置し、実態解明と再発防止策の検討を行なうことも表明した。荒木は、問題が明らかになってから記者会見まで時間を要したことを記者に指摘されると、「真摯に受け止めて反省し、今後は分かることがあったら速やかにお知らせしたい」と述べた。

2023年12月18日、荒木恵司・桐生市長らの記者会見

記者へ配布されたA4判一枚の用紙に両面印刷された「生活保護業務の改善について」と題した資料には、山本ら三人の事例について経緯や検証結果が記載してあった。山本以外の二人のうち、一人は分割支給での満額未払い、もう一人は保護費支給の大幅な遅延だった。

保存書類から確認できた二〇一八年度〜二三年度一一月末の間、一四世帯に分割支給していた事実も判明した。分割期間は一〜一五カ月で、うち一一件に保護費の未払いがあり、金額は最低で九八二九円、最高額は一三万円だった。

小山が配布資料の内容を説明後、質疑応答に移った。福祉事務所長は保健福祉部長の助川が務めるが、大半は実務責任者である小山が回答した。小山は未払いの保護費を、会計上どのように処理していたかを聞かれた際に、驚くべき答えをした。

「基本的には支給日に（全額を）支払ったということで、預かっているお金は個人のお金を預かっているという形です」

そうであるならば、本人から請求されたらすぐに返金しなければいけないはずだ。実際には仲道が間に立つまで、山本は自分のお金を受け取れなかった。私は預かる法令上の根拠をただしたが、小山は「具体的に書かれているものはない」としたうえで、生活保護法二七条の二にもとづく相談、助言の一環と主張した。

その後も記者から違法性の認識について質問が出たが、違法性は認めなかった。あくまでも「違法ではないが、不適切な取り扱いがあった」という一線は守ろうとしているように思えた。荒木は公務の都合で、午後三時半頃に退席した。短時間のトイレ休憩を挟み、残った三人による質疑応答はさらに一時間ほど続いた。

会見では、生活保護利用者から預かった印鑑が一九四四本もあるとの事実も明らかにされ、私を含めて出席した記者は二重に驚いた（後の調査で一九四八本に増える）。実際に八六人分を職員が押印していたことを確認したという。

私は会見終了後、市役所一階の福祉課を訪ね、小山に印鑑の現物を見せてほしいと頼んだ。小山は手提げ式の印鑑箱を持ってきた。さまざまな姓の印鑑が無造作に入れられており、個々の所有者を識別できる状態ではなかった。「いつ頃から預かっているかは、分かりません」との答えだった。

生活保護の開始時に利用者から預かっていたが、その際に具体的な説明はせず、預かり証もつくっていなかった。会見直前の一一月末時点で、桐生市から保護を受けていた人は四一六世帯の五二七人である。保管していた印鑑はその四倍近い数で、相当以前から預かっていたことは容易に推測ができた。

Part 3
謝罪会見での追及

小林美穂子

群馬県を地図で見れば、関東圏だし、東京からもさほど遠くないと思われる方も多いかもしれない。しかし、それは気のせいだ。確かに、上越新幹線で上野・高崎間は時間にすれば四〇分ほどだ。だが、問題はそこから。高崎から桐生まで行く両毛線の本数が一時間に一本と、きわめて少ないのだ。「一〇分前行動」を目指すためには、乗り換えをしくじるなどというミスは断じて許されないし、ましてやうっかり反対側のホームに停車している電車に乗ったりしたらもう取り返せない。天候や事故で電車が遅延してもアウトだ。桐生市に着くまで緊張を緩められない。時間と経済的余裕があれば、前入りして駅前のホテルに泊まっていたいと思うほどだ。

スマホで乗換案内を睨《にら》みながら首尾よく電車に乗り込み、裾野が広がる赤城山や、稲や麦を刈り取った後の休耕地、突然現れるソーラーパネル群を車窓に眺めながら小一時間ほど揺られると、低い山々を背後に従えた桐生駅に到着する。

姿を現した市側の当事者たち

二〇二三年一二月一八日、私は初めて桐生駅に降り立った。

桐生駅の広々とした駅構内では、ファッション雑誌の広告と見まがうような篠原涼子のポスターが迎えてくれた。ローマ字で大きく「KIRYU」と横書きされ、そのYとUの隙間に、目を凝らさないと見えないほどに小さく「桐生市」と漢字が縦書きで印刷されている。その後、市役所や公共施設など、行く先々でお目にかかることになるこの斬新なポスターは、二〇一六年に市の知名度向上および観光誘客を目的として、地元出身で桐生市観光大使も務める篠原がノーギャラで協力したという。

JR桐生駅に到着したのがお昼時だったからだろうか、駅前のロータリーには人っ子一人いない。そこから徒歩一〇分ほどの市役所まで、見かけた歩行者は二人ほど。途中のコンビニでお昼ごはんでも買おうと思ったが、市役所までのルートにコンビニはなかった。困った私は仲道さんに「お昼を食べられるところはありますか?」とメッセージを送り、市役所通りにある、オシャレな言い方をすれば「昭和レトロ」で懐かしい外観の食堂を薦められた。そこで想像を裏切る美味しい中華そば（麺が香港風だった）をかきこみ、市役所に向かって役所前のモニュメントを写真に収めていると、ちょうど仲道さんが庁舎内から出てくるのが見えた。

この日、一三時より仲道さんが所属する群馬司法書士会と、社会福祉士会・精神保健福祉士会・弁護士会の四団体が桐生市の生活保護運用に関する問題について声明を出し、共同で記者会見を行なうことになっていた。その後、一四時からは荒木恵司市長の定例記者会見が行なわれる。

市役所内の狭い記者クラブの一室で、私は身の置き所がなく緊張していた。一応はネット媒体に記事を書き、おこがましくも著書もある身ではあるが、それはあくまで仮の姿。生活困窮者支援の現場から発信する人間がきわめて少ないために、必要に迫られて書いているだけであり、新聞記者やモノカキ稼業の方々を前に「ライター」を名乗る覚悟はこの時の私にはなかった。

穴があったら入りたい。転校生のように落ち着かずにいると、東京新聞の小松田記者が「そこ、空いてるから荷物置いていいですよ」と優しい学級委員のような心配りをしてくれたことで、私はようやくそこにいることを許されたような気持ちになり、バッグを下ろした。蚤《のみ》の心臓である。

記者クラブで四団体による申し入れを撮影し、定例会見が行なわれる別室へ移動する。

記者席の前面には荒木市長、森山亨大副市長、助川直樹保健福祉部長、小山貴之福祉課長の四人が座った。

森山副市長は「一日一〇〇〇円」の問題が報道された後、総務課の職員二名を伴って菓子折り持参で仲道さんの事務所を「お詫びとご報告」に訪ねた人物である。総務課職員を同伴しながら「あくまで私的」と言い訳をしていたその訪問を、荒木市長も知っていたことが記者会見で判明し、「ちっとも〝私的〟じゃないじゃん」と、記者席に座っていた誰もが心の中でツッコミを入れたはず。

私は森山副市長の顔を見ながら、あの人は仲道さんの事務所を訪ねる前に当事者への謝罪はしたのだろうか、とぼんやり考えていた。

定例会見は荒木市長の謝罪から始まった。発覚した保護費の分割支払い、満額不支給、保護費支給の遅延などの対応によって市民の信頼を傷つけたことを詫び、生活保護業務全般に問題がなかったかを検証し、利用者に寄り添った適正な運営に向けて取り組んでいきたいと述べた。そして、これまで保健福祉部長の職にあった助川直樹氏を二〇二三年一二月三一日付で異動させること、森山副市長のもとに内部調査チームを設置し、その後、第三者委員会を設置することを発表した。

集まった報道陣の質問は、すでに報道されていた二件の「一日一〇〇〇円分割支給ケース」と「支給の遅延ケース」、そして三ケースに伴って芋づる式に判明したハンコの無断押印に集中した。それらの質問に、福祉課長として配属されてさほど年月が経っていない小山課長が答え、本来の責任者であるはずの助川氏は隣で小さくなって座っている。

さて、その助川氏である。彼の福祉課での職歴は長く、二〇一一年に保護係長、その三年後の一四年には課長、一六年に市民生活部環境課に異動して課長、部長職に就き、一九年に保健福祉部長となって福祉課に戻ってきている。

桐生市の生活保護行政の異常性

この会見が開かれる二週間前に、現場経験者などから成る有志の自主的研究グループ「生活保護情報グループ」が、SNS上に過去一〇年間の群馬県内の生活保護率グラフや、生活保護の辞退廃止数、保護申請却下・取下率の表をアップし、自治体ごとに比較ができるようにしていた（後述）。

データのインパクトは強烈で、思わず眉をひそめた。「どういうことだ、これは?」

県内の自治体のほとんどで生活保護件数が上昇している一方で、まるで高速道路を逆走でもするように桐生市が保護率を減らしているのが一目で分かるからだ。それまで市で上昇傾向にあった保護率が二〇一一年あたりで下降を開始、翌一二年からガクッと急速に減少しはじめるのだ。二〇一一年度に一一六三人であった生活保護利用者数が、約一〇年後の二〇二二年度は五四七人と、実に半減している。近隣の自治体と比較しても異様な減り方だ（館林市を除く）。

生活保護情報グループが公表していたデータをすでに見ていた報道陣は、当然、半減の理由を追及した。

その時、小山課長は「桐生市は高齢者世帯がかなり多くなっており、死亡率が多かったのが原因」、つまり自然減であると答えている。

確かに桐生市の人口における高齢者の割合は二〇二四年度で三七・三五%と、群馬県平均が三一・三%であることを鑑みれば、高めではある。しかし、県内のほとんどの自治体で高齢者は増加しているし、生活保護件数も上昇傾向。それなのに桐生市だけ生活保護件数が半減するほどに高齢者が亡くなっているのだとしたら、それはそれで原因究明が必要なほどに物騒な話である。注意すべきは減少世帯の動向だ。「桐生市保護世帯数推移」の表を見ると、確かに高齢者も減少しているが、目を引くのは傷病者世帯、その他世帯（六五歳以上の高齢者でもなく、障害者や傷病者でもなく、母子世帯でもない世帯）、そしてとりわけ異常としか言えない減少をしているのが母子世帯である。二〇一一年度に二七世帯だった母子世帯が、なんと一〇年後には二世帯にまで減少しているのだ。

会見前までは委縮してモジモジしていた私であるが、ここは黙っている場合ではない。

小林　桐生市は高齢世帯が多くてそれが保護率減少の理由とおっしゃいましたが、母子、傷病世帯、その他世帯での減少。母子がとりわけ二世帯しかいないのはなぜでしょう？

小山　確かに少子化の影響が出ているという状況はございます。だからといって、母子世帯が極端に少ないかという検証はしておりませんけれども、極端に少ないということはないと思います。

小林　二件しか申請が通ってないのは他所ではありえないです。母子世帯に対して扶養照会*を強行したりして、却下したり、取下げを仕向けていないか。

＊扶養照会：生活保護申請に伴い、親族に援助の可否を問う仕組み。ＤＶ、暴力がある場合はしてはいけないことになっているが、自治体によって運用はバラバラ。

小山　扶養照会につきましては、基本的には母子世帯ですので本人に確認したうえで行なっておりますので、扶養照会によって却下をするということはありません。

小林　二世帯というのは異様な数字です。それについて納得のいく説明を。

小山　納得していただけるかどうかはアレですけど、基本的には保護相談を受けていく中で適切に本人の意向を聞いたうえでこういう結果になっていると考えています。

本当かあ？　煙《けむ》に巻かれた感しかなかったが、この数字から私が可能性として考えたのは、市が重度の障害を除いた稼働年齢層に対して苛烈な就労指導や申請権の侵害を行なったのではないかということだった（後に扶養照会にもおおいに問題があることが分かる）。

報道陣も、辞退廃止数の多さや、保護申請却下・取下げ率の高さについて疑問をぶつけた。この時、朝日新聞の記者から「境界層」（後述）についても質問は及んでいたが、この問題が表面化して世を騒がせるのはもっと後になる。どんどん専門性が増してくる生活保護運用の問題を追及するにあたり、生活保護情報グループは素人ではなかなかアクセスできない公文書やデータを次々と公表し、それらのデータは支援者や報道関係者を導く羅針盤となった。

会見中、一日一〇〇〇円の分割支給をあくまで「不適切」という言葉に収束させていた小山課長と助川部長に私は質問をした。

「お二人が考える『健康的で文化的な最低限度の生活』を送るための金額って、いくらですか？」

ちょっと口ごもった後に二人がした回答は、「基本的には生活保護の基準額」であった。

ならばどうして、一日一〇〇〇円しか受け取れなかった二人や、その他にも会見内で明らかになった満額を支給されない利用者の方々が存在するのだろうか。生活保護を利用しているのに、憲法と生活保護法で定められた最低生活費を大きく下回る額で生きることを、他でもない福祉事務所が強いる、その姿勢の根底にあったものは何なのか。


「受給者のためを思ってやってるんですよ」


記者会見は予定の時間を大幅に超え、質問も途切れることがなかった。

私はこの日の夕方、過去に市福祉課につらい目にあわされた方のインタビューを予定していたため、会見を中座せざるをえなかった。市が利用者から長年にわたって預かっていたハンコ一九四四本（後に一九四八本に）の現物の一部が報道陣に公開されたのは、私が市役所を出た後だった。翌日、各報道紙の紙面を、強烈なインパクトをもって飾ることとなる。

私が会見場を出る時、桐生市の「魅力発信課」（広報課）の職員が人懐っこい笑顔で出口までエスコートしてくれた。

「東京では聞いたこともない内容ばかりでした」

私が会見の感想を述べると、「魅力発信課」の彼は、「身内をかばうわけじゃないですけど、福祉課の職員は、受給者のためを思ってやってるんですよ」と言った。階段を降りかけていた私は、豆鉄砲を喰らった鳩の表情で職員の顔を見た。

市民に奉仕するのが職務、のはずの目の前の公務員は、組織に対して微塵ほどの疑いもないと言わんばかりに穏やかな笑みをたたえていた。市長が表向きは神妙に謝罪しても、この建物の中にいる人たちは誰も自分たちが悪いことをしたなんて思っていないのではないか、そう感じた瞬間だった。

コラム　桐生市という街

小松田健一

群馬県は多様性に富んだ地である。最北部に谷川岳がそびえ、国内でも有数の豪雪地帯を抱える。西部の草津温泉は酸性の強い硫黄泉が特徴で、東京都心から車で三時間以上かかる便利とは言いがたい立地ながら、二〇二三年度の観光客数は三七〇万人と過去最高を記録した。東部は利根川流域の平野地帯で、自動車産業を中心とした工業集積度が高い。県都・前橋市は徳川家康が関ケ原の合戦に勝利して天下統一を成し遂げた後、譜代の家臣・酒井重忠へ「そなたに関東の華を授ける」と前橋城主に任じた逸話が残る重要な土地だった。

近代を迎えると、世界文化遺産に指定された富岡製糸場に代表されるように製糸業が盛んとなり、欧米へ輸出した絹糸・絹製品は明治政府の外貨獲得へおおいに貢献した。

桐生市も、その多様性を構成する都市の一つだ。群馬県の形は郷土かるた「上毛かるた」の読み札に「つる舞う形の群馬県」とあるように、しばしば空を舞う鶴にたとえられるが、桐生市は首の下側、左羽根の付け根に位置している。市内を貫く渡良瀬川の清流と北部の山並みは豊かな自然を感じられる。二〇二三年に猛暑日日数が三六日と二九年ぶりに日本一を更新（二〇二四年に福岡県太宰府市が三七日に達し、一年で破られたが）したなど、暑い群馬県の中でも特に厳しい気候の地だ。

地図を見ると、市域は東西に分かれ、西側が巨大な「飛び地」となっていることが分かる。全国的にも珍しい形で、これには日本最北の競艇場である「桐生競艇場」の運営をめぐる地元自治体間の意見対立が大きく影響している。競艇場は隣接する旧笠懸《かさかけ》町（現在のみどり市）に立地し、桐生市や同町との共同運営だった。平成の大合併での協議で、桐生市は赤字の競艇場運営から撤退する意向を示したが、笠懸町が反対。結果として同町は隣接する二町村と合併して「みどり市」となり、さらに西側の一村が二〇〇五年に桐生市と合併したことで、市域が分断されたのだ。

歴史は古い。古代朝鮮から持ち込まれたとされる絹織物は、早くも奈良時代には朝廷へ献上していた記録が残る。鎌倉・南北朝時代の武将、新田義貞が一三三三（元弘三）年、上野国新田荘（現在の群馬県太田市）で鎌倉幕府を倒すため挙兵した際や、徳川家康が関ケ原の合戦の際に桐生織物の旗を掲げたと伝わる。

江戸時代に入ると「西の西陣、東の桐生」と広くその名を知られるようになった。一七三〇（享保一五）年に京都で発生した大火で西陣織は大きな打撃を受け、多くの職人が桐生へ移り住み、技術面でさらなる発展を遂げた。

近代を迎えた後も繁栄が続いた。市政施行は一九二一年で、前橋、高崎に次いで県内で三番目に早かった。終戦直後は県内自治体で最多の人口だった。隆盛は戦後もしばらく続く。市役所のあるベテラン職員は「私が子ど

も の頃、日曜日の中心商店街は人で溢れかえっていましたよ。前橋や高崎へ行かなくても、何でも買えました」と思い出を語った。市街地には今も明治から大正期にかけて建てられた数多くの歴史的建造物があり、往時の賑わいを今に伝える。

桐生経済の支柱だった繊維産業が戦後、安価な輸入製品に押されて衰退していくと、代わって台頭したのが、パチンコ台メーカーだった。「平和」や「西陣」などがその名を知られる。モータリゼーションの進行で郊外に大型店が出店し、少子高齢化も加わって市街地は衰微の一途をたどる。現在、中心部の商店街は空き店舗が目立ち、桐生駅も列車到着前後を除けば閑散としている。人口は二〇二三年五月に一〇万人を割り込んだ。高齢化率は三七・一％（同年一〇月一日現在）と、全国平均の二九・一％、群馬県平均の三〇・三％よりもかなり高い。

古い都市だけあって、歴史的なエピソードには事欠かない。

戦前には群馬県の近現代史に刻まれる「昭和天皇誤導事件」が起きた。一九三四年一一月一六日、昭和天皇は高崎市の練兵場で開かれた陸軍特別大演習を観閲するため群馬県入りした。観閲後に桐生市を訪問し、桐生駅から視察先へ向かう途中、先導車の責任者を務める本多重平警部が進路を誤り、視察先になかなか到着しないため昭和天皇が行方不明と大騒ぎになった。本多は本来の担当者が体調不良となったため、急遽代役を務めていた。ぶっつけ本番で慣れない道での極度の緊張が引き起こしたミスだった。本多は責任を取り、自決を図るが一命を取りとめる。事の顚末について報告を受けた昭和天皇は不問に付したが、帝国議会では野党・立憲政友会が岡田啓介内閣を攻撃し、政争の具とされた。

文化、経済に目を向けてみる。隣接する栃木県足利市をルーツとする民謡「八木節」が根づいており、毎年八月初旬に「桐生八木節祭り」が開かれる。この時だけは寂れた中心市街地を多くの踊り手や観覧客が埋め尽くす。

野球が盛んな地でもある。敗戦からわずか三カ月後の一九四五年一一月二四日、現在のプロ野球オールスターゲームの前身である「東西対抗戦」の第二戦が桐生市内で開かれ、翌二五日に東軍と、戦後初の社会人チーム「全桐生」の試合が開かれた。全桐生は桐生市出身のプロ野球経験者を多数擁した実力派で、一二回延長戦の末に八対七でプロの東軍にサヨナラ勝ちし、敗戦に打ちひしがれる桐生市民をおおいに元気づけたという。

高校野球は強豪校がひしめき、県立桐生高校は甲子園に春夏計二六回出場し、春のセンバツで二回準優勝している。夏は一九九九年の第八一回大会で桐生第一が県勢初の甲子園制覇を果たした。プロ野球では埼玉西武ライオンズでエースピッチャーとして活躍した、一九八〇年代の黄金期を支えた渡辺久信の出身地だ。

全国展開するたこ焼きチェーン「築地銀だこ」の運営会社、ホットランドを創業した佐瀬守男は桐生市出身で、一号店は隣接するみどり市に開店した。不動産大手「オープンハウスグループ」を創業した荒井正昭は市内の県立桐生南高校(現在は廃校)を卒業している。あまり知られていないが、サンリオ創業者で名誉会長の辻信太郎は、旧制桐生工業専門学校、現在の群馬大学理工学部の卒業生である。業界を代表する企業のトップを複数輩出した地とも言える。

文学面では、「堕落論」「白痴」などで知られる坂口安吾(一九〇六～五五年)とのゆかりが深い。

坂口は一九五二年、静岡県伊東市から桐生市に移り住み、亡くなるまで過ごした。坂口は伊東温泉競輪場の写真判定に不審な点があると運営団体を告発した。実際は坂口の思い込みによる誤解だったのだが、調査に訪れた群馬大学工学部（現在は理工学部）のスタッフの真摯な姿勢に心を打たれ、同学部が立地する桐生を気に入ったという。同地ではゴルフを楽しみながら精力的に執筆へ取り組み、長男にも恵まれて充実した晩年を送った。

世界的ジャズピアニスト、山中千尋の出身地でもある。山中は二〇二四年九月一八日、自身のXアカウントにこう投稿した。

「私の育った桐生市は『八木節』の響く町ではなく、生活保護が必要な人に生活保護費を殆ど渡さず、屈辱的な対応と言葉の暴力を『アグレッシブな就労指導』と開き直る非人道的な行政ですっかり有名になってしまった。桐生を良くするために頑張っている多くの人の辛抱強い努力を踏みにじらないで」

「アグレッシブな就労指導」とは同日、NHKが桐生市の問題を放送した「クローズアップ現代」の取材を受けた市の宮地敏郎・保健福祉部長の発言だ。山中の投稿からは、被害者の苦衷に思いを致さない公務員の仕事に対する強い怒りと、それが郷里で行なわれていたことへの悲しみがにじみ出ていた。

第 2 章

困窮者を追い払う福祉

Part 4
「水際作戦」の果てに

小松田健一

私は、小林が一連の問題発覚直後に取材した女性に、二〇二四年一月に取材した。小林に紹介を受けて連絡を取ると、取材を快諾してくれた。ただ、彼女は家族の誰にも自らの経験を明かしていない。桐生市は小さな街である。取材過程や記事を通じて万が一にも身元が分かってはいけない。市内は避け、一五キロメートルほど離れた伊勢崎市内のとあるファミレスで面会した。

「一日一〇〇〇円の記事を読んで、まだそんなことをしていたのか、という気持ちと、やっぱりか、という気持ちがないまぜになりましたね」と、自らの経験を語ってくれた。彼女の体験は、同年二月に東京新聞群馬・栃木版の連載記事で掲載した。本書では、その際の氏名表記にならって「黒田正美」（仮名）と表記する。

「まだそんなことを」

二〇一五年七月、桐生市で暮らす黒田正美の携帯電話が鳴った。声の主は同市福祉課の職員だった。「あなたのお父さんが大変なことになっているので、すぐ見に行ってください」と告げてきた。

当時の黒田は三〇代後半。父の杉本賢三（仮名、当時六一）は黒田が結婚した後は単身生活を送っていた。黒田が父の暮らす市営住宅へ駆けつけると、水道、ガス、電気のライフラインはすべて止められ、石油ストーブの燃焼筒に外で拾い集めた木くずを入れてマッチで着火し、わずかに残ったコメを煮炊きしていた。「ホームレス同然で、ショックでした」と黒田は振り返る。

杉本は料理人として働いていたが、二〇一一年頃から心臓疾患や足の不調などで就労が困難となり、以後は無職だった。健康だった頃は一七五センチの身長に体重約八〇キロと恰幅がよかったが、この時には五〇キロ台まで減少していたという。黒田は福祉課に相談する。しかし、担当者は「家族で支えあって」「実家に戻りなさい」と相手にしてもらえなかった。市営住宅の家賃が払えなくなり、同年八月、杉本はやむをえず市内の実家で暮らす妹、黒田にとっては叔母の家に身を寄せた。

だが、以前から兄妹の折り合いが悪かったため、杉本は母屋には入れてもらえなかった。やむなく、隣接する廃工場に身を置いた。猛暑で知られる群馬県内でも、特に暑さが厳しい桐生市で、エアコンも風呂もない劣悪な住環境は、ただでさえ万全ではない杉本の体力を奪っていった。

叔母も無職で、生活に困窮していた。黒田は子育て中で働いておらず、夫の収入も杉本を養うだけの余裕はなかった。健康保険証を持たない杉本は、市内の無料低額診療所で診察を受けた。

医師はこの状態では余命が半年ほどしかなく、ただちに手術が必要だと告げた。

窮状から脱するには生活保護しか道はない。黒田は意を決して父と叔母の生活保護を申請するため、再び福祉課を訪れた。父と叔母がいかに追いつめられた状態かを黒田がこんこんと説明した。すると、職員は一枚の紙を差し出した。それは生活保護の申請書ではなく、家計簿用紙だった。

「これを一カ月間書いてください。生活保護を受けている人で一日八〇〇円で生活している人もいるんですよ。見習ってください」

最初に相談した時に続き、再びの門前払いだった。

黒田は言われた通りに家計簿を一週間つけたが、この間にも杉本の体調はみるみる悪化した。余命は半年どころか、一カ月もつか分からないとの診断が出る。一刻の猶予もなくなった。実は、黒田が福祉課窓口へ相談に訪れた際は、無料低額診療所の医療相談員も同行し、杉本の健康状態を説明していたのだが、市の対応は変わらなかった。「生活保護を受けさせてくださいと言われても、はいどうぞ、とはいかないの」と言い放った職員もいたという。典型的な「水際作戦」だった。

まもなく、二人の同課職員が予告なしに黒田の自宅へやってきた。生活保護申請後の審査では、申請者が手持ち資産を有効活用しているかなどを調べるが、申請を受理していない段階で市にそのような権限はない。そもそも、黒田は申請者ではない。彼らは挨拶することもなく、終始ぞんざいな口調だった。夫の通帳を見て収入を確認し、家賃や車のローン残額などを聞き出した。「一〇〇〇円、二〇〇〇円でもいいから出せないの？」と、執拗に杉本への金銭援助を迫った。「なぜそんなことまでされないといけないのか」と憤ったが、ここで職員の機嫌を損ねたら、さらに不利な扱いを受けるかもしれない、という不安から何も言えなかった。

見かねた友人が、黒田に仲道宗弘を紹介する。仲道の窓口同行によってようやく申請は受理された。ただし、杉本と妹（黒田の叔母）を同一世帯とみなしてのものだった。同じ敷地内に暮らしてはいたが、実質的にはそれぞれが独立した生計を営む別世帯だったにもかかわらず、である。二人世帯だと、日常の支出に充てる「生活扶助費」の一人当たり支給額は単身世帯より少なくなる。ただ、手続きを急がなければ杉本の命に関わるので、黒田も仲道もやむをえず受け入れた。

同年九月にようやく保護が決まった。黒田は「これで父は生き延びることができた。ほっとした」と振り返る。しかし、市の対応は相変わらず冷酷だった。決定通知を受け取るため訪れた福祉課の窓口で、担当職員は黒田に「なぜ、生活保護になったか分かる？」と尋ねた。「お父さんの社会性のなさから生活保護になったんだよ」と、大声でたたみかけたという。市役所一階にある福祉課は個室ではない。周囲には戸籍や住民票、税務などの窓口もあり、来訪した市民や他課職員に丸聞こえだった。

「大声に驚いて振り向く人がたくさんいました。悔しくてたまらなかった。なぜ、ここまで見下されなければいけないのって。窓口に『大声を出す人は警察を呼びます』という貼り紙がしてあったけど、大声を出しているのはいったいどっちだよと思いましたね」

桐生市からの「追い出し」

紆余曲折を経て、何とか生きる術を確保した杉本と黒田父娘だったが、安堵もつかの間、さらなる試練が降りかかる。

保護が決定してまもなく、杉本は入院し、心臓の手術を受けることができた。術後の経過は良好だったが、退院後に劣悪な環境の廃工場へ戻れば元の木阿弥となることは目に見えていたので、主治医は施設への入所を強く勧めた。

黒田が福祉課に相談すると、ケースワーカーが提示したのは桐生市内やその近隣ではなく、三〇キロ以上離れた前橋市北部にある施設だった。着替えなどの日用品を届けようにも、黒田の自宅からは車で一時間以上かかる。子育てに追われる黒田にとって、大きな負担だった。再考を求めたが「桐生市内はどこもいっぱいなので」と断られた。

担当者はさらに、杉本が施設入所で市外へ転出することを理由に、保護をいったん廃止し、前橋市であらためて申請するよう求め、黒田に辞退届を代筆させた。「桐生市が保護の人を一人取ったから、今度はお父さんが前橋へ行く番だよ」と告げた。その言葉から、黒田はこの頃の桐生市は生活保護利用者を増やさないように、一種の「定員管理」をしていたのかもしれないと考えている。杉本にとっては拒むことが困難な健康状態であり、黒田にも杉本を扶養する余裕がなかった中では、前橋市へ事実上の強制転居という「追い出し」だ。

杉本のような事例では、現住所と新住所の福祉事務所間で「移管」と呼ばれる手続きをして、保護を途切れさせないのが一般的な手続きだが、そうではなかった。黒田は釈然としなかったが、父を施設へ入れるのが最優先と考え、辞退届を提出した。

「あの時は移管ということも知らなかったからです」

ここで重大な問題が生じた。杉本の桐生市での介護認定手続きが未了だったため、施設に入所を断られてしまったのだ。そうなると、居場所を失うばかりか、九月で桐生市の保護が打ち切られ、前橋市で新たに生活保護を受けるまで、完全な無収入となる。すぐ手続きをしても、申請から保護決定まで約半月を要するからだ。黒田は電話で桐生市の福祉課に撤回を懇請した。しかし、担当者は「私は施設のご案内をしただけ。入れとは言っていない」と、にべもなかった。

黒田は保護の空白期間を少しでも短くするために急いで前橋市へ保護を申請すると、担当者は差し迫った事情を理解し、速やかに手続きを進めてくれた。黒田は安心すると同時に悔しさが一気に噴き出し、桐生市から受けた理不尽な仕打ちを前橋市の担当者にすべて打ち明けた。

「とても驚いていました。『桐生はおかしいですよ』って」

「市をうったえるって事?」

黒田は仲道の助言を受けて、一連の経過をメモで記録していた。施設入所をめぐるやり取りはこう書き残している。

桐生市担当者○○(担当者氏名、メモでは実名) 黒田さんは何をしたいの? 桐生市をうったえるって事?

黒田 そうやって○○さんとかにせめられてつらくって市に行く事やｔｅｌがくると調子が悪くなっちゃうんですよ

私は黒田にすべてのメモを見せてもらった。筆跡が乱れていたり、荒っぽく線を書いたりした部分も多く、追いつめられた精神状態をうかがい知ることができた。

杉本は施設に無事入ることはできたが、入所後に若年性認知症を発症し、二〇一七年五月、六三歳で亡くなった。

黒田は一時、桐生市の担当者から電話がかかってきたり、市役所に足を踏み入れたりするだけで体が震えだすほどの強い精神的なダメージを受けた。今も、家族にはこうした経験を話していない。

この取材を通じて、保護の申請段階で拒絶する水際作戦に加え、「硫黄島作戦」なる異様な言葉を初めて耳にした。役所の不当な対応を批判するため、生活困窮者支援関係者の間で、かなり以前から定着している呼び方だという。一九四五年二月から三月にかけて小笠原諸島・硫黄島での日米両軍による激戦が由来らしい。日本軍は海岸で上陸する敵を撃破する本来の意味での「水際作戦」を放棄し、米軍をあえて上陸させ、島内にくまなく張りめぐらせた地下トンネルに立てこもって攻撃する持久戦で、本土決戦までの時間を稼ぐ作戦を採用した。

つまり、保護開始は防げなかったとしても、その後にさまざまな理由をつけて保護の廃止、辞退へ追い込むことを指す。保護開始後に黒田と杉本があったさまざまな理不尽そのものだった。こうした用語があることは、「保護開始後の保護減らし」が常態化しているためでもある。

生きるためにようやくつかんだ細い糸も切ろうとする冷酷さに、戦慄を覚えた。

ただし、史実に照らすと必ずしも正確な用語とは言えない。日本軍は硫黄島で緒戦こそ米軍に大きな被害を与えたものの、補給がないため、圧倒的物量で押し寄せる米軍に押され、上陸開始から約一カ月後に「玉砕」し、守備隊の将兵約二万人の大半は戦死したからだ。しかし、現実社会では守備隊に相当する生活保護実施機関が敗れることは稀《まれ》である。

黒田と杉本の事例について、桐生市の福祉課に取材した。課長の小山貴之は「すでに記録は廃棄されており、詳細な把握が困難な状況です。引き続き調査し、第三者委員会や内部調査チームに報告します」とコメントした。生活保護利用者の処遇を詳細に記す「ケース記録」の保存期間は、保護廃止から五年間。当時、桐生市が杉本をどう処遇しようとしたのかを、遺族である黒田が詳しく知ろうとしても、時間の壁が立ちはだかる。

黒田に、当時を振り返っての心境を聞いた。

「仲道先生の助けはあったけど、私がもっと闘えば父を楽にしてあげられたと思う。今ならば、あの頃の自分に『もっと周りを頼りなよ』と言いますね」

生活保護制度への根強い偏見が桐生市のような対応を許しているとも考えているという。「生活に困った時、役所へ行けば助けてもらえる。生活保護とは本来そういう制度のはずです。権利なのだから、恥ずかしくない」

Part 5 警察官OBと扶養照会

小林美穂子

二〇二四年一一月、相談を受けて、桐生市の市営住宅に住む五〇代の石川さん（仮名）を訪ねた。近くにスーパーも商店街もない住宅地は駅からも遠く、バスは生活の足にするにはあまりに本数が少ない。

地方には、車がないと生活ができない街が掃いて捨てるほどある。今の制度運用では、生活保護利用者の自動車保有はかなり限定的にしか認められていない。この街で車のない生活をするのは大変だろうなあと、私は家ばかりが並ぶ景色を見ていた。

石川さんは数年前まで桐生市で生活保護を利用していたが、保護利用中に市職員から受けたハラスメントがあまりにもつらく、知り合いに頼みこんで仕事を得て、保護を抜けていた。

そりゃもう、すごかったですよ、と、姿勢よく正座をして彼女は当時の様子を語りだした。

「私は障害もあって、長年、精神科を受診しているんですが、そんなことはまるでおかまいなし。体調が悪くて働けなくなっているのに、とにかく早く仕事に就け、仕事をしろ。カウンターに身を乗り出して怒号ですよ。毎回、ひどい言い方をされました。怯えますよ。怒鳴られて屈辱的で、つらいことばかりでしたよ。訴えたいほどです」

怒鳴る相談員は警察官OB

石川さんに激しい、力づくと言えるほどの就労指導をしたのが、警察官OBの就労支援相談員であることは、その名前を聞いてすぐに分かった。

石川さんは、現在は働きながら何とか暮らしている。それでも体調が不安定なこともあり、暮らし向きは楽ではない。

「収入が保護基準額を下回ったら、また制度を利用してほしい」と私が告げると、石川さんは「もう二度と、イヤです。あんな目にあうのはまっぴらごめんです」。よみがえった忌まわしい記憶を振り払うような強い口調で石川さんは言った。

保護率が急減しはじめた二〇一二年から、桐生市では福祉事務所に警察官OBを配置している。面接相談業務の補助を目的として一～二名、就労支援相談員として一名、自立支援相談員（生活困窮者対策）として一名。ケースワーカー数が一〇名に満たない小規模な福祉事務所としては異例の、最大四名の警察官OBを配置していたことになる。

暴力団関係者や不当要求者への対応として、福祉事務所が警察官OBを配置するのは特に珍しいことではない。国から補助金も出ている。ただ、桐生市が他自治体と大きく異なるのは、小さな交番より多いその人数と、多岐にわたる業務内容だ。

桐生市の問題を解明するために結成された「桐生市生活保護違法事件全国調査団」は二〇二四年三月に市に対して公開質問状を送っていた。三月末に届いた市の回答内容を見ると、警察官ＯＢの相談窓口における年間対応件数（新規面接相談における件数）は、二〇二二年でのべ一三二件となっており、桐生市の同年の新規相談実件数七三件を大きく上回る。福祉事務所に生活保護の相談に来る総合計のさらに一・五倍以上の数を面接している。えらく熱心に働いているが、桐生市に元暴力団員や不当要求者が多いとも思えない。いったい何をしているのだろう。研究者が独自に入手した相談員（警察官ＯＢ）の対応記録（帳票）等を見ると、暴力団関係者や不当要求者に限定せず、すべての世帯の新規相談・面談に警察官ＯＢが同席していることが分かった。情報公開請求により入手した同行訪問等報告書を見ると、なんと警察官ＯＢは相談業務の同席どころか、家庭訪問にも同行し、就労支援すら担っていた。

桐生市は女性のケースワーカー不在の時期も長い。配偶者の暴力から逃げてきた女性たちの相談や家庭訪問、その後の就労支援まで警察官ＯＢが関わっていたことが、どんな作用をもたらすか、想像に難くない。

東京都内の福祉事務所にも警察官ＯＢはいて、その外観（立ち方）や目つき、たちのぼる威圧感などから警察官ＯＢであることが分かるから不思議だ。暴力団やトラブルへの対応がそうそうあるわけではないから、用心棒的存在の彼らは、たいてい暇そうで、受付業務を手伝っていることが多い。

数年前、東京都内の福祉事務所で、受付を担当していた恰幅のよい職員（警察官ＯＢ）が、訪れた男性の利用者を前に、カウンターに片手をついて書類でも見ているのだろうか、顔を上げざま、下から睨みつけるようにして「名前はあぁーー?!」と待合室にとどろく声で尋ねるのを、待合室の端っこで目撃したことがある。あまりのことにビックリしてカウンターを見ると、くたびれた薄手のジャンパーを羽織った男性が、うなだれて名乗る小さな声が聞こえた。

その背中を見て、私は泣きたくなった。用を済ませて福祉事務所を去った後も、やりきれなくて悔しくて、知己の市議にその日の出来事を伝えたところ、驚いた市議はすぐに生活保護担当課長に強く注意をしてくれた。その後、利用者を無下に貶めるような受付対応は改善されたのだが、あの日の衝撃は忘れられないし、思い出すたびに泣きたくなる。どうしてあんな屈辱的な目にあわなければいけないのか。そして、どんな屈辱的な目にあっても利用者は言い返すことなどできない。カウンターの向こう側とこっち側の圧倒的な権力勾配に打ちのめされる。チキショー！と思う。

警察官ＯＢが全部悪いとは言わない。ただ、暴力と対峙してきた経験が、暴力とは無縁のむき身の市民に向けられる場合があることに、私は強く抗議したい。

桐生市がさらにすごいのは、群馬県警に対して警察官ＯＢを要望する人材として、「警察官」（警

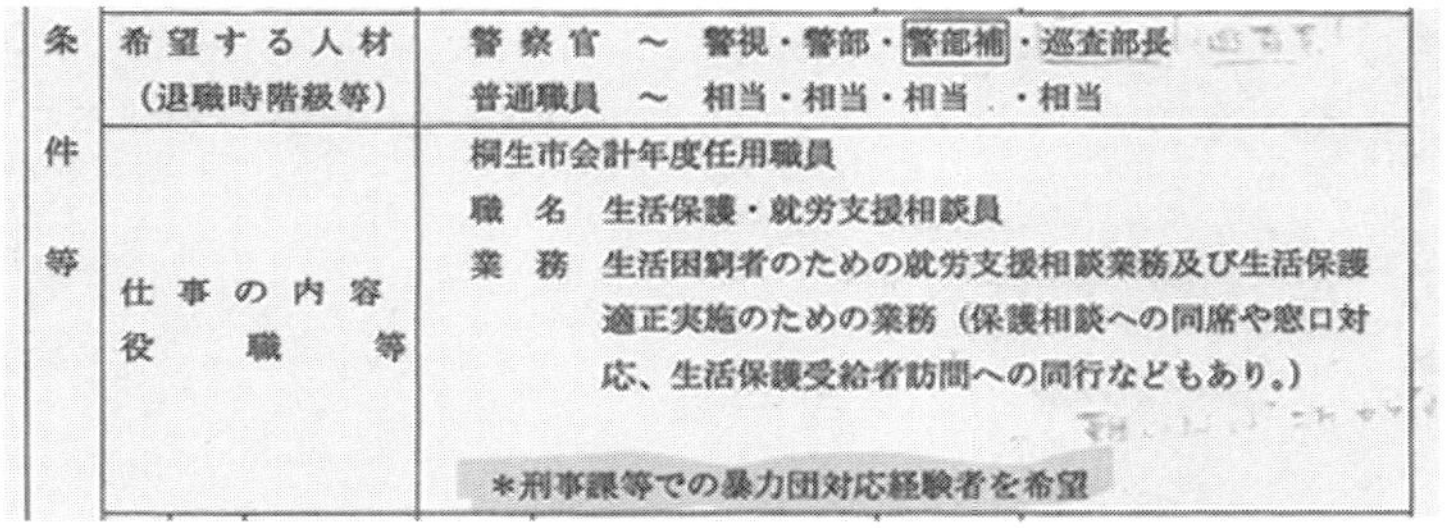

条件等	希望する人材（退職時階級等）	警察官 ～ 警視・警部・警部補・巡査部長 普通職員 ～ 相当・相当・相当・相当
	仕事の内容 役職等	桐生市会計年度任用職員 職 名 生活保護・就労支援相談員 業 務 生活困窮者のための就労支援相談業務及び生活保護適正実施のための業務（保護相談への同席や窓口対応、生活保護受給者訪問への同行などもあり。） ＊刑事課等での暴力団対応経験者を希望

2020年に桐生市が群馬県警に送った紹介依頼書。「刑事課等での暴力団対応経験者を希望」と書かれている

部補、巡査部長、巡査長）のうち、刑事課等での暴力団対応経験者を希望していることだ。マル暴経験者を希望していたのだ。

研究者が情報公開請求により入手した資料に、この警察官ＯＢたちが同席した相談の記録「相談・同行訪問等報告書」が一年分あるのだが、そこでは相談者を、「(元) 暴力団員」「素行不良者」「精神疾患」「母子・女性世帯」「その他」にカテゴリー分けしていることに、驚いて目をむいた。まず「素行不良者」ってなんだよと憤慨するが、「素行不良者」「精神疾患」に印がついている報告書が少なくないことに暗澹たる気持ちになる。意見の一つも言えばたちまち「素行不良者」の烙印が押されるのではないか。私が相談者ならば、「素行不良者」の箇所に筆圧で穴が空くほど丸がつけられるだろう。

さらに戦慄するのは、相談係と警察官ＯＢが、相談者の勤務先を調査したとの記録があることだ。この書類が「訪問報告書」であることから、職場を突撃したのだろう。

私は言葉を失う。哀れみすら抱く。相談者にではない、福祉課の職員たちに対してだ。こんなことを職務と信じさせられてきたことに。制度を「自分個人が与える恩恵」と壮大な勘違いをし、排除や監視の対象として相談者や利用者を見て、目の前の人のご苦労も想像せず、これまで生きてこられたことに対する敬意どころか興味を抱くこともなく、怒号を浴びせて怯えさせ、屈辱にうつむかせる。おずおずと意見を言おうと口を開けば、震えるほど怒鳴る。それは福祉の仕事なのだろうか？

ちなみに二〇二三年三月〜二四年二月二七日までの一年分（三四七件）の報告書のうち、「（元）暴力団員」に印がついていたのは、わずか二件だった。警察官ＯＢを多用してきた本音は何だったのだろうか。

「専門性」とか「経験豊富」とか答えていた桐生市に、今一度、問いたい。

生活保護へのハードルを上げる扶養照会

「扶養照会」は私が数年来、廃止を求めて運動している、生活保護制度の利用に伴う仕組みである。

生活に困窮した方が生活保護基準を下回る収入しかなく、お金に換える資産もなく、諸事情により働けず、助けてくれる人もいない、そんな場合に利用できる「権利」が生活保護なのだが、援助してくれる親族がいる場合は、その援助が優先される（あくまで「優先」であり、義務ではない）。

援助を受けても、その額が国の定める最低生活費（生活保護基準）に満たない場合、不足分を生活保護制度で補うという形になるのだが、この扶養に関しても桐生市は不正をしていた可能性が指摘されている。これについては小松田記者が後述するのでここでは割愛するが、この扶養照会が生活保護利用の高いハードルになっていることは、今や多くの人の知るところとなっている。

生活保護を申請すると、親族に援助の可否を問う通知が郵送される。同じ地域に親族がいる場合は、直接ケースワーカーが親族を訪問する場合も多い。日本ではこの扶養調査の幅が無意味なほどに広く、父母や子ども、きょうだいや祖父母、孫、おじ、おば、甥、姪など、実に三親等が対象とされている。さすがにおじ、おば、甥、姪にまで照会の手を伸ばすのは特殊な場合に限られるのだが。

この扶養照会を嫌がって、生活保護を申請できないでいる人はことのほか多い。

私も例外ではない。もし私が生活に困ったとしても、親きょうだいが生きているうちは生活保護の申請はしないし、できないと思っていた。扶養照会の通知など届こうものなら、超保守的な家族は私を責め、なじるだろう。顔を真っ赤にして〇〇家の恥と罵《のの》り、これまで私が生きてきた半生すべてを否定する、そのことが分かっているからだ。しかも、援助しないくせに世間体を気にして「援助する」と返信する可能性も高い。そうなれば援助が優先され、生活保護は利用できない。私は尊厳をズタズタにされるだけでなく、生きる道も閉ざされる。

日本で生活保護利用の要件を満たしている人の中で、実際に利用している割合はたったの二割程度と言われている。困窮者を制度利用から遠ざけているものはいろいろあるが、大きな要因の一つに、制度利用を家族に知られる「扶養照会」がある。

二〇二〇〜二一年の年末年始に、つくろい東京ファンドが実施したアンケートでは、生活保護を現在利用していない人の三人に一人が、その理由に「家族に知られるのが嫌」を挙げていた。親が健在な二〇〜五〇代に限定すると、四二・九％に跳ね上がった。

しかも、福祉事務所がせっせと扶養照会をしたところで、その成果は脱力するくらいに乏しく、特に金銭的援助につながるケースはゼロに近いと言っても過言ではないのだ。そんなこんなが明らかになっていく中、厚生労働省はようやく重い腰を上げて二〇二一年の二月と三月の二度にわたり、扶養照会の運用改善を自治体に通達した。

これにより、申請者本人が扶養照会を拒んでいる場合、丁寧な聞き取りをして、扶養照会が不要なケースにあたらないか検討するよう求められるようになった。「扶養が期待できない」「照会が本人の自立を著しく阻害する」など、照会を省いてよい具体的な事例をあらためて示したのだ。

私は喜んだ。この通知が発出された時、文字通り跳び上がったし、一緒に活動してきたツレと手を取り合って軽やかにロンドを踊りたいくらいだった。

ところが、である。人間の善意をいまだ信じるお人よしの私は、またもや行政に裏切られることになる。

なんと、福祉事務所が扶養照会を手放したがらないのだ。通知発出後、各自治体での扶養照会の運用に大きな格差が出た。「ずっとやりたくなかったんだよね、意味ないし」と照会を激減させた自治体もあれば、「厚労省は『やるな』とは言ってない」として、相談者の必死の懇願を無視して照会を強行する自治体も、地方に行けば行くほどにあることが、日本全国から寄せられる相談で顕在化した。

運用改善以前から、ＤＶや虐待ケースの扶養照会は「してはならない」とされていたにもかかわらず、「あなたが虐待を受けた証拠は？」「あなたが言ってるだけでは（虐待があったかどうか）分からない」と、怯える当事者に詰め寄り、照会を強行するような職員もいまだに存在する。恐ろしいことだ。

扶養照会の目的はいったい何だろう。

相談者に申請をあきらめさせる、あるいは相談者を支配するためのツールとして使われてはいないだろうか。実際、役所側のどんな言い分を聞いても、水際作戦に「役立つ」以外のメリットを見出すことができない。相談者を委縮させ、折り合いの悪い親族との関係は言うまでもなく、良好な家族関係すら破壊する。多忙を極めている職員の仕事を増やし、私たちの税金からその労力の対価と切手代が払われる。そこまでして援助につながるケースはほとんどないのだから、なんじゃそれ、である。

小松田記者が後述するように、桐生市に至っては、その扶養届（扶養照会への回答書）すら改竄していた形跡があるのだから、こんなものは一刻も早く廃止にしてほしい。

無駄に威圧的な扶養届

群馬県内の自治体の扶養照会率は、都市に比べて高いことが推測される。私たちの団体には全国各地から扶養照会に関する相談が届くが、やはり地方の自治体の家族依存は相変わらず根強く、相談者と福祉事務所の間に入って交渉する際には相当に骨が折れる。

群馬県内にお住まいの、七〇代の夫婦からの相談は忘れられない。

乏しい年金生活の中、高齢の母親を扶養していたが、夫婦ともに治癒困難な病気にかかってしまった。体が不自由となり、これ以上母親の介護、扶養ができないと判断し、母親の生活保護申請をしたが、福祉事務所職員が自宅まで訪問してきて扶養を強く迫り、夫婦ともども精神的にも追いつめられてしまっていたケースだった。

厚労省が運用改善の通知を発出して、しばらく経った頃の話である。息子夫婦は七〇歳以上の高齢であること、少ない年金生活で経済的に余裕がないこと、病気療養中であることなどから、扶養は期待できないとして、迷うことなく照会を省いてよいケースである。それなのに……。夫婦は「お役所の言うことだから」と疑うこともなく、反論する術も持たず、生きる気力すら失いかけていた。

自己責任論や家族の絆信仰が強い地域ほど、扶養照会を手放さない。その自治体の姿勢は、生活保護を説明するウェブサイトや、保護のしおり、扶養届の書式などに如実に表れる。

さて、ここで桐生市である。桐生市の様式は、国の様式例に比べて著しく権利侵害のおそれがある内容となっている。

どう違うか、国が公表している様式（サンプルのようなもの）と比較してみよう（次頁）。問題が可視化されるまで桐生市が使っていた扶養届（次々頁）と比べてみてほしい。第二回の第三者委員会にて、市が公開した。

大きな違いは、まず「2. 金銭的な援助について」の項目だ。桐生市の様式を見てほしい。国の様式では三番目に書かれている「引き取り扶養」が、桐生市の扶養届ではいきなり一番目に書いてある。親族から金銭援助があったとしても、その額が申請者の最低生活費に満たない場合は不足分を生活保護費が補うことになる。ところが「引き取って扶養します」というのは、つまりは生活保護が必要ないということだ。それをまずトップに持ってくるところが桐生市の独自色だ。

その後に続く「扶養の程度」の細かさも異常である。あらゆる方面から何としてでも援助させようとする、尋常ならざる熱意が伝わってくる。

さらに続く三番目の質問がすごい。

「精神的・金銭的にどうしても援助できない場合は、その理由と将来の援助等の見通しを具体

厚生労働省がウェブサイトに掲載する「帳票レイアウト」

様式番号
文書番号
宛先自治体名称　宛先役職名
宛先氏名　敬称

扶 養 届 書

記入日　　年 月 日

住所
氏名

先に照会のあった 照会者氏名 に対する扶養について、次のとおり回答します。

1　精神的な支援について
　※　精神的な支援・・・ 対象者に対する定期的な訪問、電話、手紙のやり取り、一時的な子供の預かりなど金銭的な援助以外の対象への関わりをいいます。

精神的な支援の可否	可 ・ 不可（理由　　　　　　　　）
将来的な支援の意思	有 ・ 無
支援の開始時期	年　月から(又は既に行っている)
具体的な支援の内容及び頻度	※緊急連絡先(電話番号　ー　ー　)

2　金銭的な援助について

金銭的な援助の可否	可 ・ 不可（理由:　　　　　　　　）
将来的な援助の意思	有 ・ 無
援助の開始時期	年　月から(又は既に行っている)
援助の方法・程度	①金銭により毎月(年) 例示金額 ・＿＿＿＿円を送付します。 ②物品により毎月(年)　を　程度送付します。 ③氏名　を引き取って扶養します。 ④その他

3　私の世帯について

(1) 家族構成・収入等の状況

氏　　名	続柄	生年月日	職 業	勤 務 先	平 均 月 収 額
	本人				円

上記のうち 照会者氏名 についての
①税法上の扶養控除を受けている者の氏名
②会社等から家族手当を受けている者の氏名及び月額　（　　円）

(2) 資産の状況	有・無	①家屋 ㎡(坪) ③田畑 ㎡(坪)	②宅地 ㎡(坪) ④山林等 ㎡(坪)

(3) 負債の状況	有・無	負債の内容	返済月(年)額	返済の終了予定
		住宅ローン	円	
		その他(　)		

(4) 健康保険等の加入状況　①国民健康保険 ②健康保険 ③共済( ) ④その他( )
上記で①以外に加入している場合 照会者氏名 については被扶養者として
①認定されている ②認定されていない ③認定手続を取るつもり

4　緊急時の対応について

万一対象者が死亡した場合の葬祭の意思	有 ・ 無

ケース番号　世帯員番号　担当者

(記入上の注意)
1　該当するものを○で囲み、必要事項を記入してください
2　平均月収額は総収入から所得税、社会保険料、事業経費等を差し引いた額を記入して下さい。
3　収入、負債の状況については、源泉徴収票、給与明細書、ローン返済予定表の写しなど、その状況が明らかになる書類を添付してください。

030

QRコード・バーコード

独自色の強い桐生市の扶養届（従来）

様式第26号（第6条関係）

8-34(様式第26号)

地区担当員	

扶　養　届

年　　月　　日

桐生市福祉事務所長　様

扶養義務者　住　所

氏　名　　　　　　　電　話

次の者に対する扶養(扶助)について、次のとおり回答します。

生活保護対象者	住 所			
	氏 名		続柄	

1．精神的な支援について

※精神的な支援 … 対象者に対する定期的な訪問、電話、手紙のやり取りなど、金銭的な援助以外の対象者へのかかわりのことをいいます。入院時の対応や一時的な子供の預かりなどの緊急対応も含みます。

精神的な支援の可否	□ します ・ □ できません
具体的な支援の内容及び頻度	

2．金銭的な援助について

金銭的な援助の可否	□ します ・ □ できません
援助の開始時期	□ 年 月から ・ □ すでに行っている

扶養の程度

□ 引取って扶養します。

□ 引き取ることはできないが、生活費全額を援助します。

□ 1ヶ月 □ 6ヶ月 □ 1年 あたり＿＿＿＿円を援助します。

□ 1ヶ月あたり＿＿＿＿円相当の物品（＿＿＿＿）を送ります。

□ 入院時の雑費相当額を援助します。

□ 家賃相当分を援助します。

□ 養育費を援助します。（1ヶ月あたり＿＿＿＿円）

3．精神的・金銭的にどうしても援助できない場合は、その理由と将来の援助等の見通しを具体的に記入してください。

4．扶養義務者の世帯の状況（扶養の有無にかかわらず必ず記入してください。）

◎あなたの世帯状況（あなたを含めて）

世帯員氏名	続柄	年齢	職業・勤務先・学校名・学年	平均月収

※源泉徴収票又は給与証明書、ローン支払いの証明書等の証票を添付してください。（写しでも可）

◎住民税　年額＿＿＿＿円　※全て世帯の合計で記入して下さい。

◎固定資産税　年額＿＿＿＿円

◎資産の状況（所有する資産をチェックし、面積等を記入してください。）

□ 宅地＿＿＿＿m² □ 田畑＿＿＿＿m² □ 山林＿＿＿＿m²

□ 家屋＿＿棟＿＿＿＿m²

◎借家家賃　月額＿＿＿＿円

◎負債の状況　内容（　　　　　　　　）

残債額＿＿＿＿円　返済額　月々＿＿＿＿円　ボーナス時＿＿＿＿円

5．前記の生活保護対象世帯に対する意見や、あなたの世帯の状況で参考になる事項がありましたら記入してください。
（これまでの交流状況や、他の親戚との交流状況等）

的に記入してください」とある。「援助できない」という選択を許さない、厳しい姿勢が伝わってくるではないか。将来の見通しまで書かせるすさまじい執念である。

極めつけは最後の5.である。「前記の生活保護対象世帯に対する意見や、あなたの世帯の状況で参考になる事項がありましたら記入してください（これまでの交流状況や、他の親戚との交流状況等）」とある。いったい、何を言わせたいのだろうか。私にはこの項目の目的が分からない。とても不愉快な気持ちになる。

こんなものがいきなり届いたら、親族は大騒ぎになるだろう。地方であればなおさら、戸惑いと怒りの矛先は申請者に向けられてもぜんぜんおかしくない。おかしくないどころか、群馬県出身者としてはその混乱と怒りが容易に目に浮かぶ。

第三者委員会で白日の下にさらされたこの扶養届は、全国調査団の猛批判を受け、桐生市は扶養届の様式を改善した。

五回目の第三者委員会で、吉野晶委員長が「扶養届の様式は桐生市のオリジナルのものか、それとも統一様式なのか」と質問したのに対して、市の福祉課長は「第二回の資料の中で扶養届の様式は、出させていただいておりますけれども、基本的に各項目というのは内容的には、国が示したものとほぼ同一というような形となっておりますので」と答えている。さすがに国の様式と同じものに改めたのかと一瞬安堵した私は、実際に市から扶養届を取り寄せてみて呆れてしまった（次頁）。

全国調査団の批判を受けて国の様式に寄せたが……

扶　養　届　書

桐生市福祉事務所長　様　　　　住所

氏名

先に照会のあった　　　　　に対する扶養について、次のとおり回答します。

1　精神的な支援について

※　精神的な支援…対象者に対する定期的な訪問、電話、手紙のやり取り、一時的な子どもの預かりなど金銭的な援助以外の対象者への関わりをいいます。

精神的な支援の可否	可　・　不可
支援の開始時期	年　　月から　（又は既に行っている）
具体的な支援の内容及び頻度	※緊急連絡先（電話番号　　－　　－　　）

2　金銭的な援助について

金銭的な援助の可否	可　・　不可（理由：　　）
援助の開始時期	年　　月から　（又は既に行っている）
援助の方法・程度	①金銭により毎月（年）　・3,000円　・5,000円　・10,000円　・＿＿＿円を送付します。 ②物品により毎月（年）　　を　　程度送付します。 ③氏名　　を引き取ります。 ④その他

3　どうしても援助できない場合は、その理由と将来の援助等の見通しを具体的に記入してください。

4　私の世帯について

（1）家族構成・収入等の状況

氏　名	続柄	生年月日	職業	勤務先	平均月収額
	本人				円

上記のうち　　　　についての
①税法上の扶養控除を受けている者の氏名
②会社等から家族手当を受けている者の氏名及び月額　　（　　円）

（2）資産の状況	有・無	①家屋　　㎡（坪）	②宅　地　　㎡（坪）
		③田畑　　㎡（坪）	④山林等　　㎡（坪）

（3）負債の状況	有・無	負債の内容	返済月（年）額	返済の終了予定
		住宅ローン	円	
		その他（　）		

（4）健康保険等の加入状況　①国民健康保険　②健康保険　③共済（　　）④その他（　　）

上記で①以外に加入している場合　　　　については被扶養者として
①認定されている　②認定されていない　③認定手続をとるつもり

5　前記の生活保護対象世帯に対する意見等がありましたら記入してください。（これまでの交流状況等）

（記入上の注意）
1 該当するものを○で囲み、必要事項を記入して下さい。
2 平均月収額は総収入から所得税、社会保険料、事業経費等を差し引いた額を記入して下さい。
3 状況が明らかになる書類を添付して下さい。
収入、負債の状況については、源泉徴収票、給与明細書、ローン返済予定表の写しなど、その状況が明らかになる書類を添付して下さい。

引き取り扶養は三番目に記載され、国と同じになっているものの、精神的・金銭的に「どうしても援助できない場合は、その理由と将来の援助等の見通しを具体的に記入してください」という設問項目が残してある。「どうしても援助ができない場合は」といった表現や「将来の援助等の見通しを具体的に記入」などといった記載は、国の例示様式には見当たらない。桐生市は親族に相当な心理的圧力を与える文言をどうしても残したかったのだ。どこが「ほぼ同一」なのか。これらの箇所こそが問題なのに。

また、要保護世帯への「意見」を書かせる独自項目も、削らずに残しつづけている。なぜ？それどうしても必要だった？　要保護世帯との交流状況は本人に尋ねればいいじゃない。

あれだけ批判を受けて、国の様式例を見習って改善したのがコレなのか。ため息が漏れた。

しかも、第三者委員会の場においてなお、桐生市は委員に虚偽の説明をしたわけで、もはやこうなると自浄作用は絶望的に望めないと感じた、残念で腹立たしい出来事だった。

国が提示する様式を参照しながらも、どうしても申請者と親族に不要なプレッシャーを与えずにはいられない桐生市の病はこうして随所に表れ、それが過去一〇年間の保護率半減に大きく寄与していると確信する。とんでもない逸脱した運用を長年続けてきてしまった結果、批判を受けて表面的にであれ改善しようにも、そもそも問題の本質を理解しているわけではないから、どうしても地金が出てしまう。何が正解なのかすら分からないのなら、国の様式をそのまま使えばいいのに、それができないところにこそ、桐生市の譲れない水際体質が見て取れる。

改善後の扶養届はまたまた批判を受けて、さらなる修正が施された。星の数ほどの人権侵害、違法や不適切対応が明らかになっても、扶養届の様式一つ改善させるのに、これほどまでの時間と労力を全国調査団は費やしている。気が遠くなるような話である。

Part 6

データが語る異常事態

小林美穂子

「数字はしょせん数字」とうそぶく人がいる。

確かに数字だけですべてを語ることはできない。しかし、数字を軽視することもできない。なぜなら数字だってかなりのことを、それも相手の屁理屈を封じてしどろもどろにさせるくらいの説得力を持って語りうるからだ。データは時に言葉以上に雄弁だ。

「一日一〇〇〇円」に端を発した桐生市の生活保護問題を追及するにあたり、強烈にバックアップをしてくれたのは、現場経験者や研究者の有志で構成された「生活保護情報グループ」がSNS上に公表するデータだった。

一一月二一日に「一日一〇〇〇円」の記事が報道されてまもない一二月三日、桐生市と県内自治体の生活保護率の推移を表したグラフがアップされ、それを見た誰もが目を丸くした。

加速する高齢化や、コロナ禍以降の経済的要因により、生活保護率は全国的に横ばいか増加傾向にある。ところが、過去一〇年間の群馬県内の保護率グラフを見ると、二〇一一年から桐生

群馬県内の生活保護率の推移

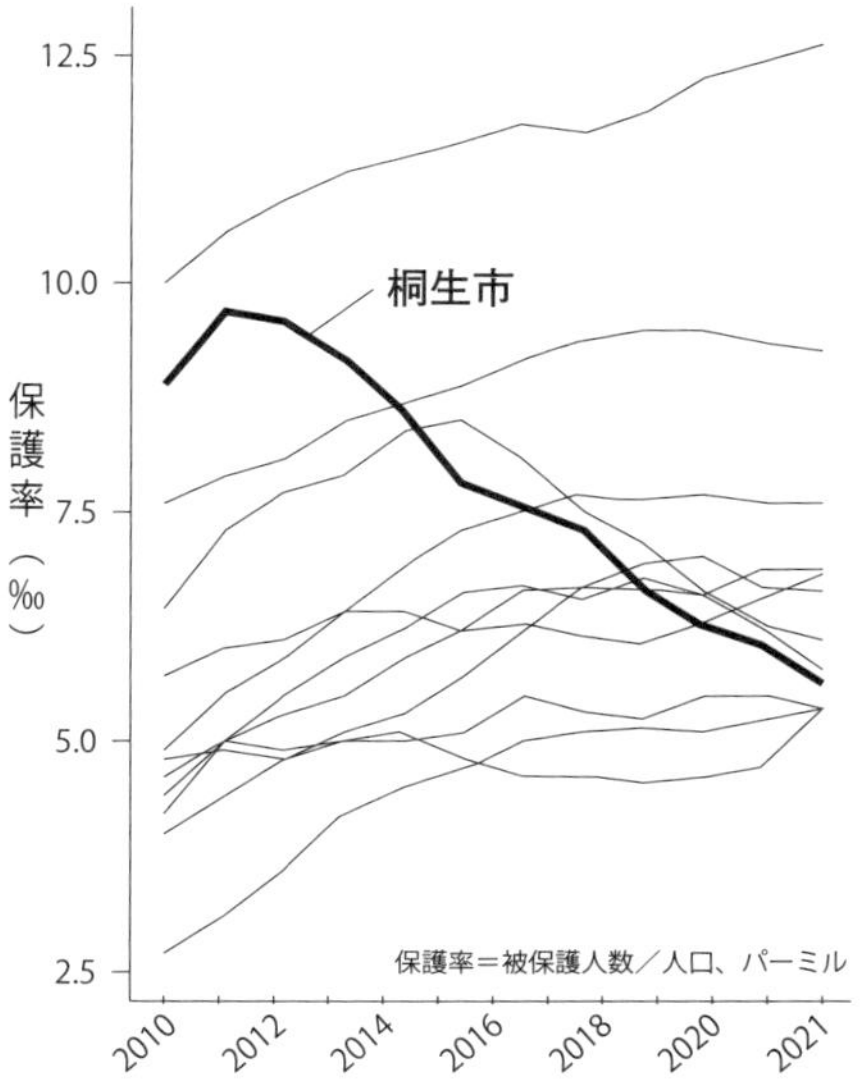

市が下降の一途をたどっているのが分かる。桐生市の後を追いかけるように二〇一五年から同じような曲線で下降に転じているのは館林市だ。

母子世帯二世帯の衝撃

生活保護情報グループが、市内の保護世帯数の推移を調べたところ、これまた二度見するような数字が出てきた。傷病者世帯、その他世帯、そして母子世帯数の際立つ減少だ。この減少を、現場経験者から成る同グループは次のように考察している。

生活保護情報グループ　@seiho_infogroup　二〇二三年一二月三日

保護率が急減している群馬県 #桐生市。市は高齢者世帯の死亡などを主な減少理由としていますが、実際は「母子世帯」が27世帯→2世帯 と1／10以下に減少しています（次に傷病者世帯・その他世帯）

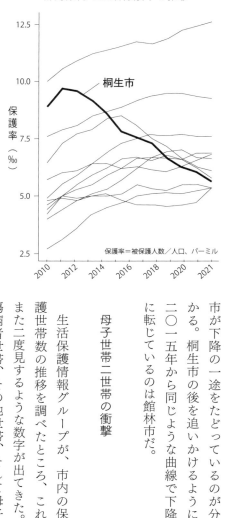

桐生市の生活保護世帯数の変化

	2011 年度		2021 年度
高齢者世帯	446 世帯	→	357 世帯
母子世帯	27 世帯	→	2 世帯
障害者世帯	96 世帯	→	68 世帯
傷病者世帯	241 世帯	→	67 世帯
その他世帯	88 世帯	→	29 世帯

このような稼働年齢層の急減は入口を絞る（水際作戦、却下）、出口戦略（辞退廃止など）が疑われます

厚生労働省によると、二〇二一年度時点の生活保護世帯数のうち、母子世帯の割合は全体の四・四％であり、この割合を桐生市に当てはめると二二世帯くらいの計算になる。いくら桐生市が高齢者の多い街とはいえ、困窮する母子がこれほど極端に少ないとは考えにくい。そこで、これも情報グループから提供された群馬県の監査資料で「実施機関別世帯類型別被保護世帯数の推移」で構成比を確認してみると、やはり桐生市の母子世帯は全体の〇・四％と、実施対象の自治体の中でも突出して少ない。

全国平均と比較すると、群馬県内の被保護世帯の母子世帯数は全体的にきわめて少ないのだが、その中でもダントツ、群を抜いて少ないのが桐生市だ。

パート３に引用したように、二〇二三年一二月の記者会見で母子世帯の少なさを指摘された桐生市は、「少子化の影

響」「極端に少ないということはないと思う」と答弁していた。一年以上が経過した今も、怒りが再燃する。二度美味しいではなく、何度咀嚼しても不味い。やっぱりどう考えても不自然に少ないのだ。

母子、傷病、その他世帯が減少する理由

さて、ここで厚生労働省による世帯類型の定義をウェブサイトから拝借しよう。

（1）高齢者世帯

男女とも六五歳以上の者のみで構成されている世帯か、これらに一八歳未満の者が加わった世帯をいう。

（2）母子世帯

死別、離別、生死不明及び未婚等により、現に配偶者がいない六五歳未満の女子と一八歳未満のその子（養子を含む。）のみで構成されている世帯をいい、「死別」、「離別」と「その他」に区分する。

（3）障害者世帯

世帯主が障害者加算を受けているか、身体障害、知的障害等の心身上の障害のため働けな

い者である障害者世帯をいう。

（4）傷病者世帯

世帯主が入院しているか在宅患者加算を受けている世帯、又は世帯主が傷病のため働けない者である傷病者世帯をいう。

（5）その他の世帯

前記のいずれにも該当しない世帯をいう。

一般的に行政では、高齢者世帯と障害者世帯を除く母子、傷病、その他世帯は、病気から回復すれば、あるいは環境さえ整えば働ける層とみなすので、多くの自治体ではこの層の生活保護申請はできるだけ抑制したいという心理が働く。とりわけ桐生市ではその傾向が顕著だったことがデータからも読み取れる。

申請書が提出され、要件を満たしているために保護が決定されたとしても、そこから狙い撃ちして激しい就労指導をする。一日も早く、国や自治体が大好きな「経済的自立」、意地悪な言い方をすれば「保護廃止」にしたいと思うからだ。なんなら回復なんてしなくてもいい、環境が整っておらず先行きが見えなくてもいい、こうなりゃとりあえず日雇いでも何でもいいから仕事をさせる、それも県外に紹介して市から出て行かせ、出たら速攻で保護を廃止にしてしまう――こんなすさまじい例も桐生市では過去にあり、議会で問題視されている。そんな形で治療もままならずに県外の日雇い仕事に追いやられた男性は、数日後に仕事先で倒れ、その自治体で生活保護を申請しなおしたと聞いている。

却下・取下げ率の高さも県内随一

桐生市における生活保護の開始率（申請件数に占める開始の割合）は、全国平均に比べて非常に低い。二〇二二年の保護開始率の全国平均は八七・六％と、申請した人の九割近くが保護開始しているのに対し、桐生市では、最高でも七八％で、二〇一八年に至っては、なんとわずか四七・六％。申請件数の半分以下しか保護が開始されていない。

保護の申請後の却下・取下げ率がズバぬけて多いのも桐生市の特徴で、開始率の低さの秘密はここにありそうだ。ちなみに「却下率」とは、申請件数に対して福祉事務所側が却下した割合のこと。「申請の取下げ」は、申請者が自分の意思で申請や調査を止めることである。

却下・取下げ率は、東京二三区の平均が四・八％なのに対し、桐生市はその一〇倍である。いったいどんなテクニックを使ったら、これだけ却下と取下げができるのか。

桐生市は却下率が高い理由を「境界層却下（パート12で小松田が詳述）が多いため」と会見でも答えていた。しかし、県内の他自治体と比べても異様な多さであるため、ならばなぜ境界層却下がそんなに多いのかという疑問が残る。生活保護の要否判定や収入状況の確認が適切になされて

群馬県内福祉事務所（市部）保護の申請、開始等の状況（2020年度）

実施機関名	保護申請数	保護開始数	申請却下数	取下げ数	却下・取下げ率
前橋市	401	369	16	29	11.2%
高崎市	376	347	24	12	9.6%
桐生市	70	40	27	3	42.9%
伊勢崎市	198	172	12	6	9.1%
太田市	139	130	8	1	6.5%
沼田市	40	27	9	3	30.0%
館林市	59	50	9	2	18.6%
渋川市	64	52	8	4	18.8%
藤岡市	54	40	9	4	24.1%
富岡市	51	33	13	3	31.4%
安中市	51	39	7	5	23.5%
みどり市	40	35	4	1	12.5%
群馬県市部　計	1,543	1,334	146	73	14.2%
【参考】東京23区	21,206	20,079	570	454	4.8%

いたのか疑問であり、保護を適用すべきなのに境界層却下で対応していた疑いが濃厚であると、調査団の一員でもある桜井啓太・立命館大学准教授は述べている。

しかし、表を見ていると、桐生市は論外としても、群馬県内の却下・取下げ率がどこも東京二三区に比べてあまりにも多い事実に、ため息をつかずにはいられない。地方は闇が深そうだ。

次から次へと桐生市のデータをネット上に公表していった生活保護情報グループは、驚異の機動力で、二〇一七年に桐生市に国の監査が入った際の市作成資料を発掘した。そこで新たに桐生市の辞退廃止の多さが明らかになる。

映画を彷彿とさせる辞退廃止

映画『護られなかった者たちへ』は、中山七里による小説を原作とする、東日本大震災から一〇年後の仙台で起こった連続殺人事件をめぐるミステリー映画だ。

連続殺人の鍵を握るのが、生活保護に伴う扶養照会と辞退廃止だった。

生活に困窮して生活保護を利用しはじめた遠島けい（倍賞美津子）が、扶養照会を拒んでやむなく生活保護の辞退届を書かされるシーンがある。結果、保護が廃止となり、けいは餓死してしまうのだが、ここで出てくる「辞退廃止」というのは、保護が決定・開始された後に本人の意思にもとづいて書面の辞退届が提出され、保護が廃止されるものである。

厚生労働省は、辞退届の扱いについて以下のように通知しており、都道府県に向けてはこの点をしっかり監査するよう伝えている。

被保護者から提出された「辞退届」が有効なものであり、かつ、保護を廃止することで直ちに急迫した状況に陥ると認められない場合には、当該保護を廃止して差し支えない。

ただし、「辞退届」が有効となるためには、それが本人の任意かつ真摯な意思に基づくものであることが必要であり、保護の実施機関が「辞退届」の提出を強要してはならないことは言うまでもなく、本人が「保護を辞退する義務がある」と誤信して提出した「辞退届」や、本人の真意によらない「辞退届」は効力を有せず、これに基づき保護を廃止することはできないものである。

また、「辞退届」が本人の任意かつ真摯な意思に基づいて提出された場合であっても、保護の廃止決定を行うに当たっては、例えば本人から自立の目途を聴取するなど、保護の廃止によって直ちに急迫した状況に陥ることのないよう留意すること。

厚労省からの通知をしっかり守っていれば、劇中の遠島けいは護られたはずなのだ。

ここで桐生市に話を戻そう。そう、桐生市の辞退廃止数は、やはり多い。

二〇一七年に国の監査が桐生市に入った際に市が提出した資料（次頁）によれば、辞退廃止数は年間に一二件。廃止件数全体（六六件）の一八％を占める。しかも、辞退理由の内訳も意味が分からないものがある。「規則への不満」っていったい何なんだろうか。どんな独自の規則を桐生市では設けているのだろう。少なくとも私は聞いたことがないし、現場経験者も聞いたことがない理由だという。

比較のために同年の首都圏のある自治体の資料を見てみると、こちらは辞退廃止六件で全体の三％となっており、ここでも桐生市の辞退廃止の多さが分かる。

2017年に国の監査が入った際に桐生市が作成した資料

（3）保護の開始・廃止の状況の内訳　（平成28年度）

世帯数	開始理由別：傷病による 総数	傷病による 世帯主の傷病	傷病による 世帯員の傷病	要介護状態	働いていた者の死亡	働いていた者の離別	失業 定年・自己都合	失業 解雇（勤務先都合等）	老齢による収入の減少	事業不振・倒産	その他の働きによる収入の減少	社会保障給付金の減少・喪失	貯金等の減少・喪失	仕送りの減少・喪失	ケース移管	その他	「その他」の理由の内訳
54	26	26			1	4	3		9		1		8			2	①葬祭扶助単給　件 ②施設入所による　1件 ③県外から転入　1件 ④　件 ⑤　件

	世帯数	廃止理由別：傷病治癒 総数	傷病治癒 世帯主	傷病治癒 世帯員	死亡	失踪	働きによる収入の増加・取得	働き手の転入	社会保障給付金の増加	仕送り等の増加	親類縁者等の引取り	施設入所	医療費の他法負担	ケース移管	その他	「その他」の理由の内訳
	66	0			29	1	6	2	8	1	1	7	1		10	①指導指示違反　件 （内訳） 自動車処分指導指示違反　件 就労指導指示違反　件 ②逮捕・拘留等　3件 ③葬祭扶助単給　件 ④手持金累積　1件 ⑤県外への転出　3件 ⑥規則への不満　3件（辞退届有3件）
（辞退再掲）	(12)						(5)	(1)	(2)		(1)				(3)	

（注）
1　本表は「職権保護」の件数は除くこと。
2　「開始理由別」及び「廃止理由別」欄については、該当する理由欄に優先して計上し、「その他」については、極力減らすこと。
3　「開始理由別」及び「廃止理由別」欄については、2つ以上の理由に該当する場合は、各左側の理由欄を優先して計上すること。
4「開始理由別」及び「廃止理由別」欄の「その他」に件数を計上した場合、理由及び件数を記載すること。
5 廃止した世帯のうち、辞退届が提出されたものの件数を再掲すること（その他については、内訳欄にも括弧書きで辞退届が提出されたものの件数を計上すること）。
6「指導指示違反」による廃止については、「その他」に分類し、内訳には、「①指導指示違反」と記載し、その内容の内訳を記載すること。

13

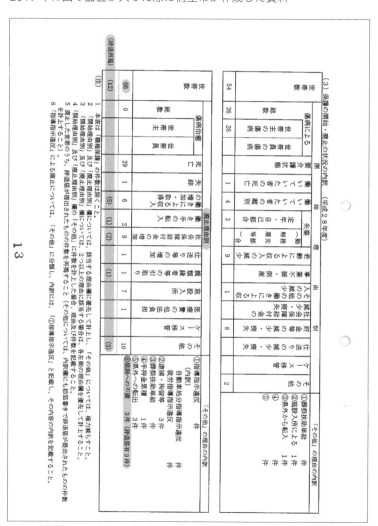

桐生市の辞退廃止の件数は二〇一一年から一気に増加し、二〇一四年には年間の廃止件数一二六件のうち二六件が辞退廃止になっており、死亡による廃止六三件を除けば四割以上で辞退届を徴収したことになるという（全国調査団による公開質問状に対する桐生市の回答）。

桐生市は毎年行なわれる群馬県の一般監査でも、「保護の廃止」（辞退届による廃止など）について不適切な対応がなされていたことが確認され、指摘されている（「群馬県庁地域福祉推進室保護係による生活保護法施行事務監査の実施結果」）。

毎年、県から是正改善が求められており、確認できるだけでも五年連続で同じ指摘がされているのにもかかわらず、改善はされず、保護率は下がりつづけた。

生活保護情報グループ　@seiho_infogroup　二〇二三年一二月三日
#桐生市 にH29年に国の監査が入っておりその時の市作成資料を入手しました
①辞退廃止12件（全体の18%）は「かなり多い」↓辞退の強要の可能性が疑われます
②「規則への不満」による辞退（3件）↓この理由は他では見ません。年に3人も保護を辞退するような桐生市の #規則 とはなんなのでしょうか
↓仮に新聞報道のような毎日のハローワーク通い、家計簿強要、保護費分割払のうえ満額支給しないといった #桐生市 独自の「#規則」が背景にあるならば許されません。

（３）保護の開始・廃止の状況の内訳　（平成２８年度）

世帯数	開始理由別：傷病による 総数	傷病による 世帯主の傷病	傷病による 世帯員の傷病	要介護状態	働いていた者の死亡	働いていた者の離別	失業 定年・自己都合	失業 解雇（勤務先都合）等	老齢による収入の減少	事業不振・倒産	その他の働きによる収入の減少	社会保障給付金の減少・喪失	貯金等の減少・喪失	仕送りの減少・喪失	ケース移管	その他	「その他」の理由の内訳
193	41	33	8	1	2	17	11	6	11	4	11	1	75	7	0	6	①葬祭扶助単給 1件 ②急迫保護で医療単給 4件 ③移管中止のため再開始 1件 ※ケース移管は左欄優先により０件（移管開始は27件）

	世帯数	廃止理由別：傷病治癒 総数	傷病治癒 世帯主	傷病治癒 世帯員	死亡	失踪	働きによる収入の増加・取得	働き手の転入	社会保障給付金の増加	仕送り等の増加	親類縁者等の引取り	施設入所	医療費の他法負担	ケース移管	その他	「その他」の理由の内訳
	183	1	0	1	45	8	39	3	13	10	7	2	0	47	8	①指導指示違反（収入申告提出指導違反） 1件 ②保護辞退（その他） 2件 ③累積金により 3件 ④葬祭扶助費認定のみ 1件 ⑤逮捕・拘留 1件
（辞退再掲）	(6)						(4)							(0)	(2)	

（注）
1　本表は「職権保護」の件数は除くこと。
2　「開始理由別」及び「廃止理由別」欄については、該当する理由欄に優先して計上し、「その他」については、極力減らすこと。
3　「開始理由別」及び「廃止理由別」欄については、２つ以上の理由に該当する場合は、各左側の理由欄を優先して計上すること。
4「開始理由別」及び「廃止理由別」欄の「その他」に件数を計上した場合、理由及び件数を記載すること。
5　廃止した世帯のうち、辞退届が提出されたものの件数を再掲すること（その他については、内訳欄にも括弧書きで辞退届が提出されたものの件数を計上すること）。
6「指導指示違反」による廃止については、「その他」に分類し、内訳には、「①指導指示違反」と記載し、その内容の内訳を記載すること。

20

通院費年間二四〇〇円のドケチぶり

これらのデータから、桐生市が県からの指摘すら顧みず、生活保護件数を「減らすための技術」を磨いてきた過程が想像できる。

運よく生活保護を利用できても、法律通りに運用がされているとは言いがたい。

生活保護利用者の家から比較的近距離に所在する病院へ徒歩等で通院することが困難な場合、電車・バスの運賃が、症状や障害の状態によってはタクシー代が、通院移送費として支給されることが認められている。

被保護者世帯数は異なるとはいえ、県内の他市と比べてみよう。二〇二二年度の通院移送費の支出は、前橋市が一三二九万七五三三円、高崎市が一一七一万八九〇九円。桐生市はどうかと言えば、二四〇〇円で、件数はたったの八件である。

なんという渋ちんか。激渋である。ゼロを二つ三つ書き忘れたのかと思うほどの少なさ。半減させたとはいえ、五〇〇を超える生活保護受給者のいる自治体、しかも高齢者や障害者世帯が多い利用者のうち、八件しか通院移送費を出していないというスパルタぶり。何度でも書くが、群馬県内は公的な移動手段がきわめて少なく、自家用車がないと生活が困難な地域だ。歩行が不自由な方々や持病をお持ちの方々に、時に日本一となる夏の暑さや、冷たい北風が吹く中を歩いて通院させるとは、驚くしかない。血も涙もないのか。

紙面の都合上、ご紹介できるデータは限られるが、それでもこれらデータから桐生市が保護率を半減させた手法を整理すると以下のようになる。

一、保護の開始を絞る

日常的な水際作戦が疑われる。却下率・取下げ率のデータを見ても、桐生市は保護申請に占める開始件数がきわめて少ない。桐生市では生活保護の面接相談のほぼ全件で警察官ＯＢを同席させ、家庭訪問の同行や就労支援業務もさせている。警察官ＯＢの雇用は保護率が減少に転じた二〇一二年から始まり、もっとも多い時で四人もの警察官ＯＢが福祉課に配置されていた。警察官ＯＢの雇用は、主に暴力団や不当要求への対策を目的としているが、目的を逸脱した業務をさせることが相談者・申請者を委縮させなかったか。市が生活に困窮する市民すべてに、あたかも暴力団に対するかのようなまなざしを向けたことに怒りを禁じえない。

また、却下数の大半が「境界層却下」という仕組みを用いているが、その仕組みを使った扶養の強要や偽装の可能性が高い。

二、保護利用者を保護から締め出す

これは辞退廃止の多さから推測できる。保護が決定してまもない利用者を他市に就労させたり、施設入所させたりして、強引に廃止に持ち込まれたケースも報告されている。

三、嫌がらせで利用者を経済的、心理的に支配する

ハローワークに日々通わせることや、経済的虐待にもあたる厳しい分割支給、満額不支給や一円単位の家計簿作成の強制、苛烈な就労指導、恫喝、脅し、人権侵害によって、利用者を管理し、支配していた。桐生市側はこれらの行為を、「アグレッシブな就労指導」や「本人の自立支援のため」と説明しているが、利用者が重いトラウマを抱え、体調を悪化させていることを考えると、「指導」などと呼べるものではなく、嫌がらせであり虐待の域である。

生活保護制度は国の制度である。そして要件を満たせば誰でも利用ができる転ばぬ先の社会保障なのに、こうまでも制度を歪め、破壊することができるのかと、頭がクラクラする思いだ。私たちの命と生活を守る制度が、取り扱う自治体によってこうも格差があっていいのだろうか。生活保護制度がロシアン・ルーレットになっている現状を、果たして国はどう思っているのだろう。

第 3 章

闘っていたひと

Part 7 突然の訃報

小松田健一

前橋支局の自席で執務中だった二〇二四年三月二一日午後五時半頃、携帯電話が鳴った。小林美穂子さんからだった。いつもの快活な調子とは違う沈み込んだ声に、妙な胸騒ぎがした。少し間を置いて、小林さんが告げた。

「仲道さん、死んじゃったんですよ……」

悪い冗談にもほどがあると思ったが、事実だった。私は「ええっ？」と言ったきり、二の句を継げなくなった。

亡くなったのは二〇日だという。

同日は春分の日、彼岸の中日だった。仲道さん夫妻は栃木県足利市にある仲道家の墓所へお参りする予定だったが、仲道さんが前橋市内で依頼者と会う用事が入り、妻のさゆりさんが単独で墓参することになった。午前一〇時頃「じゃあ、行ってくるね」「行ってらっしゃい」と交わした言葉が、最後の会話となった。

午後三時頃帰宅したさゆりさんは、二階のダイニングルームで仰向けに倒れている仲道さんを見つけた。すでに体は冷たくなっていた。「眠っているようでした」とさゆりさんは振り返る。すぐに市内の病院へ救急搬送され、懸命に蘇生措置が施されたが、意識を取り戻すことはなかった。母の治子さんが到着するのを待ち、正式に死亡が宣告された。

くも膜下出血だった。享年五八。あまりにも早すぎる他界の一報は、全国で生活困窮者支援に取り組んでいる人々へ瞬く間に広がった。

私は当日、確認したいことがあったので仲道さんの携帯へ二回電話をかけていた。ちょうど依頼者と面会していた時間帯だったと思われる。二回とも出なかったが、超がつく多忙な人ゆえにあまり珍しいことではなく、さほど気にはしていなかった。だから、知らせを耳にした時は、全身の力が抜けた。Xの支局公式アカウントに、一報を投稿するのがやっとだった。それを通じて訃報に接した人も少なくなかった。自ら書いた訃報記事で、仲道さんが不帰の人となったことを実感した。

私が仲道さんと初めて出会ったのは、彼が「一日一〇〇〇円」の案件を公表するため、桐生市役所で記者会見した二〇二三年一一月二一日だ。桐生市の問題には本気で怒っていた。生活保護問題に暗かった私に、基礎的な知識から懇切丁寧に教えてくれた。言葉の端々から、不正義を許さない「熱血漢」の印象を受けた。私が原稿執筆で急な確認の必要が生じた時などは、問い合わせの電話をかけたり、ＬＩＮＥでメッセージを送ったりするのが夜間や休日になることもしばしばだったが、嫌な顔一つせずに対応してくれた。

問題を起こした当局の関係者を厳しく批判するが、人格否定はしなかった。相手の言い分に耳を傾けつつ、それが違法、脱法的な行為であれば、法律家らしく理詰めで説いた。当局の理不尽な行為で被害を受けた側にも、理性的な言動、行動を求めていた。常に公平、公正を貫いていた。

社会問題の解決で報道機関が果たす役割にも理解があった。弁護士、司法書士などの法律職で、報道機関を敵視とは言わないまでも、強く警戒する人は少なくない。彼らが法的に負う守秘義務は、事実をいち早く報じたい報道機関と利害が対立することも少なくないからだ。

しかし、仲道さんは話せること、今は話せないが時期が来れば明かせること、絶対に話せないことを峻別していた。報道を通じて問題が世に広く知られることは、解決の一助になることを理解してくれた。「不正を根絶し、社会正義を実現するという一点の目標において、法律家と報道機関は同じ方向を向いているはずですからね」と語っていたのが忘れられない。

三月二五、二六日に伊勢崎市内の斎場でそれぞれ営まれた通夜・葬儀には、全国から多くの参列者が集まった。その中には、かつて仲道さんに救われた人々の姿もあった。

四月八日、私は伊勢崎市にある仲道さんの「ぐんま市民司法書士事務所」を訪ねた。来訪者に応対する相談室には祭壇が設けられ、Xのアイコンでおなじみのプロフィール写真を使った遺影が置かれていた。全国で生活困窮者支援に取り組む団体や、法曹関係者からの花が並び、生前の広い親交がうかがえた。妻のさゆりさん、母の治子さんが故人の思い出を語ってくれた。数々の話に、私が今まで知らなかった仲道さんの姿があった。

仲道さんは一九六五年、栃木県足利市で生を享けた。母・治子さんは「小さい時から手先が器用でしたね」と語る。プラモデルが得意で、電機部品を買い集めて「カルピス撹拌機」を自作したこともあったという。また、人懐っこい性格で、幼い頃から友人がたくさんいた。

仲道さんの父・弘《ひろむ》さん（故人）は群馬大学工学部（現・理工学部）の教員だった。仲道さんが小学三年の時、弘さんが静岡県立大学の教員へ転じたことを機に一家で静岡県清水市（現・静岡市清水区）へ転居した。中学校では学級委員や生徒会役員を務めるなど、快活で知られる存在だったという。卒業後は伝統校の静岡県立清水東高校に入学する。同期生にはサッカー元日本代表で、J1清水エスパルスの監督などを務めた長谷川健太さんがいた。高校は違うが、「ちびまるこちゃん」の作者であるさくらももこさん（二〇一八年死去）も清水市内の出身で同年だ。

治子さんは「理数科だけど、親の跡継ぎで医師にはなりたくないという仲間を応援していたことを覚えています。『人生は自分のものなのだから、進みたい道へ進めばいい』と。ただ、そうしたことで先生とはよく衝突していました。学校に何回も呼ばれましたよ」と笑う。この頃から反骨精神を培っていたようだ。通学路になっている地下道に痴漢が出没することを憂い、清水市（現在の静岡市清水区）に対策を講じるよう申し入れたこともあった。

千葉大学法経学部に現役合格し、法律を学んだ。弁護士を目指し、卒業後は塾講師のアルバイトをしながら、受験勉強を続けた。必死に努力を重ねたが、司法試験合格は叶わなかった。司法書士へ進路変更し、二〇〇三年に合格を果たした。この時、三七歳。長い浪人生活を経て、ようやく花を咲かせた。苦労人だからこそ、他者の痛みに敏感だったのだと、私は思う。

生活困窮者支援へ本格的に取り組むようになったのは、クレジット会社や消費者金融からの多重債務や、過酷な取り立てなどのいわゆる「クレサラ問題」がきっかけだ。二〇〇六年の貸金業法改正で上限金利は下がったが、悪質業者による被害が後を絶たず、仲道さんは被害者救済に奔走する。

二〇〇九年、念願だった自らの事務所を伊勢崎市で開業し、一三年に法人化した。この年に市民団体「反貧困ネットワークぐんま」を立ち上げ、自らが代表に就任する。比喩ではなく、文字通りの不眠不休と言っても決して誇張ではないほど、縦横無尽に働いていた。持ち時間の多くを困窮者支援に費やした。司法書士として事務所を維持し、生計を立てるための不動産登記や相続といった仕事は、主に夜間、休日にこなした。

生前の仲道さんは桐生市の問題に取り組んでいた時、さゆりさんにこう話したことがあるという。

「俺は桐生が嫌いなわけじゃない。かつて父が教鞭をとっていた地だしね。だけど、市役所のやり方はひどすぎる」

群馬大学理工学部は桐生市にキャンパスを構える。父とゆかりが深い地で、血の通わない行政が横行していた事実に、仲道さんは憤りと同時に深い悲しみを感じたのだと思う。

仲道さんは亡くなる一週間前の三月一三日、フォトジャーナリストの佐藤慧さん、安田菜津紀さん夫妻が率いるNPO法人「Dialogue for People」のユーチューブ番組「Radio Dialogue」に出演し、約一時間にわたって語った。これが外部への最後の発信となった。

さゆりさんはこう振り返る。「私のことを『ばあさん』と呼んでいたんです」。「失礼じゃないの」と言うと、「じゃあ、おびい（B）さん」とおどけたという。さゆりさんも行政書士資格を持ち、二人が知り合ったのは、反貧困ネットワークでの活動を通じての、いわば同志的関係でもあった。妻への愛情の照れ隠しだったのかもしれない。

亡くなる少し前にはある政党から、地方選挙への立候補の打診を受けていた。

「政治でなければ変えられないこともあると考えていたので、とっても喜んでいましたよ」

わずかなオフの時間は、ブルースのCDに耳を傾ける粋な趣味人でもあった。四歳上の兄の影響で、高校生の頃にはバンド活動もしていた。ブルースは一冊の本を書けるほど、深い知識があったという。また、ネットサーフィンにも勤《いそ》しんでいた。主に仕事上の情報を収集するためだったが、ある日、不動産情報のサイトを見ていたことがあった。終の棲家を探しているらしかった。だが、そこへ移り住む日が訪れることはなかった。

さゆりさんは言う。「本人は志半ばで無念だったかもしれません。だけど、桐生の問題への関心が広がり、たくさんの人が動いてくれた。『生活保護の申請が通りやすくなった』という話も聞こえてきます。今、彼が口を開けるのであれば、きっと喜んでくれているはずです」

そして、こう続けた。

「もっと一緒にいたかったです」

Part 8

仲道さんが最後に語ったラジオ

小林美穂子

「桐生は日本の機《はた》どころ」と上毛かるたでも謳われ、かつては大いに栄えた街で、次々に出てくる保護行政の問題。看過できないそれらの問題を受けて、全国の研究者、法律家、支援団体関係者は、「桐生市生活保護違法事件全国調査団」（団長：井上英夫・金沢大学名誉教授、日本高齢期運動サポートセンター理事長）を結成し、二〇二四年三月四日、桐生市と群馬県に対して公開質問状を提出した。

北関東の小さな自治体で過去何年にもわたって繰り返されてきた違法・不適切問題がようやく可視化されたとはいえ、地方ニュースで終わってしまえば、桐生市の問題は決して改善されない。問題が多岐にわたること、組織的に水際手法が確立されていた可能性が高いこと、その手段が他に類を見ないほど悪質で生活保護制度の根幹を破壊するようなものであったことなどから、全国調査団はこの小さな自治体で一〇年以上もの長きにわたって起きつづけてきたことを、厚いバリアで覆われた「群馬」という地域の外へ投げかけ、知ってもらおうとしていた。

私とツレアイの稲葉剛は、信用できるメディアの知人たちに片っ端から連絡をしたし、SNSも最大限活用して、一人でも多くの方に桐生市問題を伝えようとした。

東京在住の私たちと比べ、地元で活動する仲道さんはそれこそ必死だった。桐生市に関するSNS上のニュースや書き込みのほとんどすべてをリポストして、世間の関心を集めようとしていた。桐生市の生活保護行政が改善の日を見ずして忘れ去られたら、市民や苦しむ被害者が置き去りにされてしまう。


そうした努力の甲斐があり、桐生市問題は多くのメディアに取り上げられ、小松田記者も触れた安田菜津紀さんの番組放送もあった。パーソナリティを務める安田さんが「昨秋以降、報道されている桐生市の生活保護に関する多岐にわたる問題は、まるでフィクションではないかと思うほどの内容だった」と冒頭で感想を語った。

仲道さんは、「保護決定後も一日一〇〇〇円しかもらえなくて生活が苦しい」と訴える方のご相談を受けた時、まさかそんなことがあるだろうかと耳を疑ったという。委任状を書いてもらって相談者の代理人になった仲道さんが市に事の真相を尋ねても、「本人以外には話せない」と突っぱねられる。今度は相談者本人と赴くと、市は「本人の同意を得てやっている認識」と取り合わない。同意などしていないと本人が言っているのに、である。攻防を繰り広げ、ようやく数カ月遅れで未支給分が支給されるわけなのだが、その点について安田さんは疑問を投げかける。

「その方以外にも満額不支給の例が発覚してきているが、市は不支給分をどうしていたのか？」誰しもの頭に浮かぶ疑問である。

未支給分の現金は、市が課内の手提げ金庫で預かっていたことが分かっている。そして信じがたいのは、実際は半額程度しか渡していないのに、経理上は満額支給していたと計上していた事実だ。パーソナリティの佐藤慧さんが思わず「えええっ⁉」と驚く声が収録されている。法律にもとづいて職務を遂行するはずの桐生市職員が、虚偽の会計処理をしていたということになる。

さらに、新聞紙上をにぎわせたハンコ問題。副業としてハンコ屋でも開くつもりだったのかと思うほどの大量のハンコの保管、そのハンコが誰のものなのか、いつから預かっているものなのかも分からないほどに長期にわたって集められたものであること、市が他人のハンコを、当事者に無断で受領簿などの公的書類に押印してきた、「杜撰《ずさん》」という言葉では追いつかない事務処理についても触れる。

ここまで聞いていた安田さんは「理解が追いつかないレベル」として、桐生市の窓口対応の問題点について質問した。生活保護の申請を希望する人に申請書を渡さず、「一日八〇〇円で生きてる人を見習って」と高圧的な態度で追い返したり、暴言があったことなどだ。

これに対して仲道さんは「(桐生市に) 一人で行って生活保護の申請に至った人はそうそういない。たとえば七〇代くらいのお年寄りで年金額が少なく生活が苦しい。年金が月三、四万しかなければ生活保護は受けられ、七万円ほどの生活扶助費が受給できる。しかし、市に行くと『あなたこれまで若い時、何をやってきたのか、仕事してきたのか、年金をかけてきたのか』から始まる。説教から。『あなたの親はあなたにどんな教育したのか』と亡くなった親御さんのことまで侮辱され、『あんなとこ（市役所）二度と行きたくない』となってしまう。その後、その方の申請同行をした時に、暴言を吐いた職員に謝罪を求めたが、奥にいて出てこなかった。桐生市に限らないが、桐生市ではそのようなことは日常だったようです。また、社会性がないから生活保護になったと大きな声で罵られたケースもあります」と話している。

家族のＤＶから身の回りのものだけを持って逃げてきた人の相談に対しても、「家具がもともとの家にあるから、いずれ家具を取りに戻るでしょ？　そしたらそっちにまた住むかもしれないね」と申請を拒んだケースもあるという。そして、これらの違法行為・不適切行為の数々を、市側はこれまで一切認めてこなかったのだと。

ここまで聞いていた安田さんが「いわゆる反社会的勢力の話をしているのだろうかと聞き間違えてしまう。これが役所の対応なのかとクラクラしてしまう」と驚きの声を上げている。当然の反応だろう。

糾弾されて然るべき違法・不適切行為の数々を、長い長い年数にわたって繰り返してきた桐生市。これまで相談者の支援に忙殺されてきた仲道さんは、木で鼻をくくったような市の対応に手を焼いてきた。寝る間も惜しんで、困っている市民のために無償で走り回った。それでも仲道さんは、こうした問題が起きるのは福祉事務所側だけの問題ではなく、制度の枠組み自体に限界がきているからだとも指摘している。

「桐生に限らず、他市の職員にも本音を聞いてみると、『われわれが（福祉業務を）委託されているが、国が直接やってくれないかな』と言われることもある。職員数が少なくて負担が大きい場合もあるが、所持金がほとんどなくなってからでないと申請できない仕組みも問題だと思っている。医療単給だけできるようにするとか。また、都内と違って地方は自動車がないと生活ができない。自動車保有の要件は見直さないと。地方に行くと、道の駅の駐車場で車上生活する人がいる。アパート代は払えない、だけど車がないと暮らせないから車で生活している。それは健康でも文化的でもない。そういう方々が車を手放さなくても生活保護が受けられるように、国の仕組みとして間口を広げて要件を緩やかにするなり、生活を保障するという大きな枠組みの法律をつくるなど、変えていくことが必要だと思います」

仲道さんは、これまでの桐生市の対応が非常に不十分であることを強調し、そして、これらの問題が可視化されたことで、市が生まれ変わり、制度を改革するきっかけになるかもしれないと指摘する。外部の専門家や医療従事者ともチームを組んで利用者を支えていけば、これまでのような問題は出ない、と締めくくった。

私は仲道さんが日頃から、「いまこそ桐生市が生まれ変わるチャンス」と言っていたのを聞いている。許されないほどの違法行為や過ちをただ批判し、叩きのめすのではなく、真の反省から再生するのであれば協力を惜しまない。単純な敵・味方の思考ではなく、心の底では人を信じ、対立する相手にも手を差し伸べる、その寛容さは見習うべきものだった。

仲道さんは、この放送から一週間後に帰らぬ人となった。通夜および葬儀には、多くの仕事仲間や友人たちに混じり、過去に仲道さんに助けられ、「命の恩人」と慕う人たちで長蛇の列ができ、葬儀会場に溢れた。

アーカイブに残された放送の、ゆっくりと一節一節区切って話す仲道さんの冷静な語り口。その静かな言葉の底に、法を司る者としての憤りが流れている。相談者の側に立つ迷いのなさが、毅然とした態度に表れる。

その声に触れていると、私は今も仲道さんが群馬中を走り回っている気がして、つい電話をしてしまいそうな衝動に駆られる。そして、ああそうだった、もう電話に出てくれないのだとうなだれて、残された言葉を聴いている。ラジオに残った仲道さんは生きつづけ、私たちの進むべき道を示しつづけている。

第 4 章

広がる追及

Part 9

第三者委員会の追及始まる

小松田健一

「一日一〇〇〇円」が明らかとなってから約一カ月後の二〇二三年一二月一八日、桐生市長の荒木恵司は、記者会見で、第三者委員会を設置し実態解明と再発防止策の検討をすると表明した。二〇二四年一月末に設置要綱が定められ、弁護士、学識経験者、行政経験者、社会福祉士の四人で構成することになった。

当初は二月中に初会合を開く予定だったが、人選が長引き、委員が公表されたのは三月一五日のことだ。吉野晶・元群馬弁護士会長、小竹裕人・群馬大学情報学部教授、川原武男・群馬県社会福祉協議会長、新木惠一・同県社会福祉士会長の四人に決まった。

人選に疑問

ただ、この人選には生活保護問題に取り組む関係者から多くの疑問の声が上がった。

吉野は日本弁護士連合会（日弁連）で貧困問題対策本部の委員を務めるなど関連分野の活動実績が豊富で、適任者と言えるが、小竹は専門が自治体の政策立案過程などを研究する公共政策論で、社会福祉や社会保障分野に明るいとは言えない。しかも、桐生市が二〇一八〜一九年に地域の価値を高める施策を検討するため設置した「シティブランディング戦略会議」で委員長を務め、市政に関与した経験があった。

川原、新木はともに群馬県職員ＯＢだ。川原は二〇一七年四月から、新木は二〇一〇年四月からそれぞれ二年間、県の健康福祉部長を務めていた。同部は年に一回、県内の福祉事務所に対して生活保護制度が適正に運用されているかを監査するが、桐生市の保護利用者、保護率は二人の在任中にも急減しており、監査が有効に機能していたのか疑問視されていた。群馬県社会福祉協議会は、桐生市の生活保護利用者の金銭管理をしている点も、第三者性に疑問符がつく。

生活保護をめぐる問題が発生した際、当事者の自治体が第三者委員会を設置した事例は最近も複数ある。二〇二三年に発覚した、東京都江戸川区のケースワーカーが、亡くなった生活保護利用者の遺体を長期間放置した問題では、区が設置した再発防止のための検討委員会は委員八人中、区議会、地元民生委員、人権擁護委員の代表を各一人選び、残る五人を第三者枠とした。うち三人が社会福祉の専門家、残る二人は医師と弁護士で、都ＯＢや区政に関与した人はいなかった。

立命館大学准教授（社会福祉学）の桜井啓太は「群馬県健康福祉部長という職は、県内自治体の生活保護監査の所管部長です。元部長の二委員の在任時期は、市による激しい『水際作戦』が行なわれていたことが疑われる時期で、第三者という意味で公平性を持って調査、議論できるのでしょうか。学識経験者は、生活保護どころか社会福祉の研究者ですらないですね。最近の他自治体で設置された第三者の委員選定と比べても異様な人選だと思います」と手厳しく指摘した。

私は第三者委員会の事務局である桐生市人材育成課長の雨沢浩史に見解を聞いた。雨沢は「公平、公正、中立の立場の方ということを考え、各団体に推薦をお願いしました。各委員の皆さまは今回の件を重く受け止めています。川原氏は行政経験、新木氏は社会福祉士として福祉関係の知見を有し、小竹氏は本市を含めて多くの自治体で委員などを務め、行政運営の見識が高いと考えています」とコメントした。現実的には、開催直前に委員の人選をやり直すのは難しいだろう。私は各委員の発言を注視し、何か問題があれば逐一指摘することにした。

真相解明への姿勢示すも、運営面に難

委員会の初会合は三月二七日午前一〇時から、桐生市役所に隣接する美喜仁《びきに》桐生文化会館（市民文化会館）で開かれた。荒木も出席し、四人の委員に委嘱状を交付。続いて「本市の生活保護業務に関しましては、これまで多くの不適切な対応があり、受給者の皆様方や市民の皆様の信頼を大きく損ねることになってしまったこと、あらためて心から深くお詫びを申し上げます」と謝罪した。そのうえで「本市の生活保護行政を生まれ変わらせ、そして市民の信頼回復のため、委

員の皆様方には忌憚のないご意見、ご指摘を賜りますようよろしくお願いを申し上げます」と頭を下げた。

委員による委員長の互選が行なわれ、吉野が委員長、小竹が副委員長に就任した。

事務方が一連の経緯などを説明後、委員による質疑応答が始まった。主たるテーマは分割支給だ。市の内部調査チームによる職員への聞き取りで判明した一四件のうち、ケースワーカーが生活保護利用者ごとに状況を記録する「ケース記録」に記載していたのは一件だけだったことが明らかにされた。

行政機関の業務は「文書主義」が鉄則である。意思決定過程や事業の内容を記録し、後日の検証に耐えるようにするためだ。

この点は吉野以下四人の委員全員が「問題がある」との認識で一致し、分割支給の大半に文書記録が存在しないことで、さらなる検証を困難とする可能性が出てきた。福祉課長の小山貴之は「日々の指導として省略していた。意図して書かないということはなかったと思う」と釈明した。

実態がおぼろげながら分かったのは、七月二一日の第四回会合だった。

私は初回から四回目までを取材した。その限りにおいては、各委員とも一連の問題が深刻であることを認識し、その原因を真摯に究明する姿勢を示していたと思う。

個人情報に関わる部分を検討する場合を除き、報道関係者と一般市民に対してフルオープンで傍聴を認め、委員会終了後、速やかに議事録を公表している点も、一定の透明性を確保する観点から評価できる。ただ、取材する報道関係者からは不満が出た。委員会開催中は録音を認めず、傍聴席でのパソコン使用も禁止したからだ。特に前者は、事務方の市当局が議事録作成のため録音しており、不可解な対応だった。また、二回目だった五月二四日の委員会では、傍聴者へ検討資料が配布されなかったため議論の内容が分かりにくく、事務方の不手際も目立った。

Part 10
全国調査団の結成

小松田健一

二〇二三年一一月、問題が表面化した際は、報じ方に差はあったものの、東京新聞を含む群馬県内で発行するほぼ全紙が報じた。在京のテレビでは、フジテレビがいち早く放送した。当事者の山本守男に直接取材し、顔や音声を加工処理したうえで生の声を伝えていた。

報道がピークとなったのは、二〇二三年一二月二八日に荒木恵司市長が問題の表面化後に初めて記者会見し、謝罪した時だ。記者会見は休憩を挟んで二時間以上に及び、当日午後六時からの群馬テレビと、午後六時半からのＮＨＫ前橋放送局の群馬県ローカルニュースは、会見映像を交えながら詳しく報じた。

ただ、メディア全体を見渡してみると、必ずしも取材や報道の熱量が高いとは言えなかった。取材する記者の問題意識や、生活保護、生活困窮者の問題に対する会社の姿勢が現れたように思う。この点については、自戒を込めて後述する。

県内の自治体で開かれた各市長の定例会見などでは、私や同僚記者が見解を問いただした。当然ながら、桐生市の対応を肯定的に見る反応は皆無だった。ある市長は「市長が市役所の中で起きていることすべてを知ることは難しいです。ただ、かなりの長期間に反復的に行なわれていたのだとすれば、荒木さんが知らなかったでは通らないと思います」と語った。

「一日一〇〇〇円」の衝撃は、明らかとなった直後から、生活困窮者の問題に取り組む人々にも瞬く間に広がっていた。次々と違法・不適切案件が判明し、問題の根深さを憂慮した人々が二〇二四年三月、研究者や支援団体の有志らによる「桐生市生活保護違法事件全国調査団」を結成する。団長には井上英夫・金沢大学名誉教授で日本高齢期運動サポートセンター理事長が就任し、反貧困ネットワーク世話人の雨宮処凛、つくろい東京ファンド代表理事の稲葉剛、吉永純・花園大学教授ら、生活困窮者支援や社会福祉研究の第一線で活動する人物が名を連ねた。

全国調査団は四月四、五日に桐生市内で会合を開き、現状報告や市、群馬県への要請、今後の方針などを話しあった。桐生市中央公民館の会場には、全国から集まった生活困窮者支援団体の関係者や、生活保護利用者ら数十人が集まった。出席者は冒頭、三月二〇日にくも膜下出血のため急逝した仲道宗弘司法書士に黙祷を捧げ、志半ばでの死を悼むと同時に、問題解決に向けて全員が力を尽くすことを誓った。

第三者団体の関与

会合では、利用者に支給された保護費を第三者団体が管理していることに話題が集まった。その団体とは、桐生市社会福祉協議会のほか、いずれも群馬県太田市に所在する一般社団法人「日本福祉サポート」、ＮＰＯ法人「ほほえみの会」だ。

ウェブサイトによると、日本福祉サポートは主な事業として高齢者の身元保証、財産管理や終活支援、葬祭業などを掲げる。ほほえみの会は太田市の曹洞宗古刹「長岡寺《ちょうこうじ》」が母体で、代表者は同寺の住職だ。高齢者や障害者、低所得者らの住宅保証などを業務としていた。

社会福祉協議会には「日常生活自立支援事業」があり、単独で福祉サービスの申し込みや契約、金銭管理が困難な人を支援する仕組みを持っている。生活困窮者支援では行政機関と連携し、重要な役割を果たす公的団体だ。

しかし、桐生市と委託契約関係になく、市から報酬や必要経費の補填も受けていない民間の二団体が、なぜ保護利用者の保護費管理を請け負ったのかはいまだに判然としない。

私は二〇二三年一二月三〇日付東京新聞朝刊社会面に、日本福祉サポートと保護費管理の契約を結んだ二〇代男性が、満額を受け取れていなかった事実を報じた。

男性は高校卒業後に勤めた職場で精神的に不調となり、就労不能となったため二〇二一年一一月から月約七万円の生活保護費を受給していた。しかし、保護開始時点で二週間に一回、現金で一万四〇〇〇円の支給が条件とされ、残りは市が現金のまま保管した。市の担当者は「母親が以前、生活保護を受給していたため」と説明したという。

二〇二二年一二月には、市の担当者から、団体による財産管理と身元引き受けの契約を勧められた。契約に際し、市から保護費を振り込む新たな銀行口座をつくるよう指示された。団体が保護費から月二回、各一万四〇〇〇円を振り込む別の口座のキャッシュカードだけ渡された。通帳と印鑑は団体が預かっていた。

男性の母親から相談を受けた仲道宗弘が、二〇二三年一二月二二日に通帳と印鑑を返却させた。この口座には、約一九万円が残っていた。私は仲道が取り返したばかりの通帳を見せてもらった。一二月二八日に年越し資金の四万四〇〇〇円を引き出し、残高はわずか三円だった。

桐生市福祉課長の小山貴之は、団体と市に契約関係はないと認めたうえで「金銭管理が必要と考えられる方などを対象に、選択肢の一つとして同団体のほかＮＰＯ法人、社会福祉協議会を紹介している」と答えた。

日本福祉サポートは私の取材に「桐生市から委託料などは受け取っていない」としたうえで、「依頼者からの依頼にもとづいて管理を実施しており、自治体や当法人独自の判断で実施することはない」と文書で回答した。桐生市、日本福祉サポート両者の言い分を整理すれば、あくまで男性の自由意思によるもので、強要はしていないということになる。

本当にそうなのか。男性は精神的不調が続いており、私の直接取材を受けることは困難だったので、仲道を通じて確認を求めた。するとまもなく「自分から依頼はしていない」と明確に否定する返答があった。

仲道は「受給者の立場では、市から契約を勧められて断るのは難しいだろう。精神面で専門家の支援が必要な男性を専門的知見がない民間団体へ実質的に丸投げしたのは、一種の経済的虐待だ」と批判した。

さらに不可解だったのは、市が満額を支給しなかった理由に、男性の母親に生活保護利用歴があることを挙げていたことだ。男性は高校生当時、母親と同居し、アルバイトで家計を助けていたが、その収入を未申告の過失があり、市から保護費の一部を返還するよう求められていた。母親の過失を、現在は独立して生計を立てている男性が肩代わりすること自体が、きわめて不当なものだった。

市の対応は変わるか

桐生市の対応について群馬県の見解を聞くため、仕事納めを迎えた一二月二八日午後、生活保護行政を所管する健康福祉部地域福祉推進室を訪ねた。担当者二人が応対し、取材の趣旨と、可能な範囲で男性が置かれていた状況を伝えたが、問題の所在を正確に理解していないように思えた。

「一般論として、生活保護の申請時に何らかの条件を付すのは不適切ですが、日本福祉サポートと生活保護受給者個人の契約であれば、違法性はありません」との答えが返ってきた。

私は「しかし、本人は精神的に問題を抱えていた状態です。それに、桐生市と生活保護利用者の力関係は大きな差がある。市から『こうしなさい』と言われれば断れなかった。これは事実上の強要ではないでしょうか」と聞いた。

担当者からは「もちろん、強要や誘導は許されないし、丁寧に説明して理解と納得を得る必要があります。しかし、民間団体に管理を委ねることは問題とは言えません。小松田さんは、こうした民間団体が問題だとおっしゃるのですか？」と逆質問された。身寄りがない高齢者や障害者にとっては、公的支援だけではなく、こういった民間団体の存在も重要なのだと強調した。

私は「民間団体が行なう業務すべてを問題だとは言っていません。ただ、本人の意に反した契約、あるいは本人が断れないような状況で結ばれた契約は不当ではないのかと考えています」と反論したが、話が噛み合わないように思った。

全国調査団の会合では、桐生市からの回答で、二〇一九〜二二年度の四年間にほほえみの会、日本福祉サポートによる金銭管理は契約計一四七件あるとの報告があった。調査団は三団体にも面会を申し込んだが、いずれも文書で断られた。特に公的団体である桐生市社会福祉協議会が拒絶したことには、出席者からため息と失望の声が漏れた。

桐生市は三団体による生活保護利用者の金銭管理について、現在も「紹介はするが、利用するかどうかはあくまで任意で、市が強要したことはない」との見解である。

二〇二五年一月二四日に開かれた第三者委員会の第七回目会合を傍聴した。そこで示された調査結果の一つに、当事者団体への聞き取りの内容があった。記者や傍聴者に配布された資料には、その概略が記されていた。桐生市がなぜ保護費管理を第三者団体に「丸投げ」したのか、利用者を引き合わせる基準はあったのか、一部で確認されている第三者団体による「分割支給、満額不支給」に市から具体的な指示、あるいは示唆があったのかなど、問題の核心を知ることはできなかった。委員会終了後の記者会見で、吉野晶委員長は「(事実関係の)評価の段階に入っており、これ以上の調査は必要がない」と述べ、利用者からの聞き取りも考えていないと語った。

事実解明に対する執念の低さに失望を禁じえなかった。本書刊行に先立つ二〇二五年三月一四日に委員会は八回目の会合を開き、市へ報告書を提出しているはずである。再発防止にもっとも重要な前提条件は、正確な事実の把握である。果たして、今後の桐生市で同じことが繰り返されないための担保となるのだろうか。強い不安を覚えた。

本書の校了直前の二〇二五年二月、日本福祉サポートが生活保護利用者と締結した「身元引受契約書」と「金銭等管理委託契約書」の写しを入手した。

身元引受契約書では、冒頭に「甲〔注・利用者〕と乙〔日本福祉サポート〕が桐生市福祉課保護係との面談結果を受け」……と、契約に桐生市が介在していることが明記されている。利用者の死亡後、葬儀費用や報酬は利用者が遺留した金品で清算すると定める。利用者に法定相続人が不在の場合、清算後に残った金品は同サポートが引き受けるともあった。同サポートは葬儀業も営んでおり、実質的に利用者を生前に「囲い込む」内容となっていた。

Part 11
桐生市問題、国会へ

小林美穂子

桐生市の生活保護運用の非道っぷりは、それをなんと表現すればいいのか言葉に詰まるほどで、どんなに言葉を選ぼうとしても「地獄」「闇」「サディズム」「差別の権化」などの悪口になってしまって、冷静でいられなくなるほどだ。

生存権を保障する国の制度を、「俺たちがルールだ」とばかりに勝手な解釈をし、あらゆるプロセスに違法と不適切行為を隙間なく散りばめて、制度を機能不全にさせてきた桐生市。そのあまりに多岐にわたる問題が可視化された二〇二三年一一月から、「生活保護情報グループ」は桐生市の生活保護行政に関する資料を次々に入手して公表し、法律家や研究者、市民団体などで構成される「全国調査団」は、資料をもとに微に入り細を穿つ公開質問状や要望書を作成し、市を追及しつづけていた。

全国調査団の一員でもあるつくろい東京ファンドの稲葉剛はマスコミや政治家に実情を訴え、私自身は、たびたび桐生市に足を運び、証言者の声を記事にしていった。関わる者すべてが、この問題をうやむやにしてなるものかと強い決意を胸に、持てる力のすべてをそれぞれの分野で発揮していた。

かつては繊維業で栄えた北関東の小さな街、桐生市の、たくさんある役所の課の一つにすぎない福祉課の実態が国会の場で取り上げられたのは、「一日一〇〇〇円」問題が発覚してまもない二〇二三年一二月七日。参議院厚生労働委員会にて打越さく良議員（立憲民主党）が桐生市問題について口火を切った。

保護が決定した利用者に、一日一〇〇〇円の分割支給をして満額支給しなかった問題をただしたのに対し、厚生労働省の朝川知昭・社会・援護局長は「生活扶助の実施方法に適合するものではなく、適切ではない」と答弁している。

適切ではない？　生活保護法に違反した「違法」行為でしょうが！　思わず、中継が流れるスマホにツッコミを入れた。

「あまりにも不適切です」

続いて、二〇二四年四月九日。立憲民主党の石橋通宏議員が、桐生市で発覚した問題の数々、特に過去一〇年間で生活保護件数が半減していたことや、水際作戦にあった人々の証言を俎上にのせると、武見敬三厚生労働大臣は「私も、この桐生市の件を聞いてびっくりしました。これ、やっぱり、あまりにも不適切です」「生活保護の申請意思を示しているにもかかわらず申請をさせないのは、これはまったく適切じゃありません」と、毅然とした強い口調で回答し、一カ月前の三月、全国の自治体に対して支給事務の適切な実施について要請を行なったと述べた。

厚労省も何もしていないわけではないよ、ちゃんとやってるよ、というアピールをしつつ、「しっかり実態を把握し、このような事態の回避を図る努力をしていきたい」と結んだ。だが、いやいや、過去一〇年間も放置されているのにそんな呑気なことでいいのだろうか。

武見大臣はこの後も次々と出てくる桐生市問題を指摘されるたび、新鮮な驚きを示した。当たり障りのない原稿を読むだけのＡＩ官僚や政治家を見慣れている身としては、大臣が驚きを示しながら自分の言葉で答弁をする姿に人間臭さを感じた。だが、本当はこういう自治体があることを知っていたのではないかという疑念も払拭はできなかったし、百歩譲って本当に知らなかったとしても、ただ驚くだけにとどめないでほしい、ここは水戸黄門の印籠ならぬ生活保護手帳を掲げて怒るところではないのかと、心の中で思っていた。国が市の保護率半減を、本音ではむしろ喜ばしいと思っていなかったのだとしたら、本気で怒ってほしいのだ。国の制度をグチャグチャにされているのだから。

参考人として国会へ

四月一一日、この日の厚生労働委員会に、稲葉剛が参考人として登場した。生活困窮者自立支援法の改正に伴う参考人陳述だったが、生活困窮者支援や制度改善にその人生を捧げてきた稲葉が、このチャンスを逃すわけがない。与えられた機会に乗じて、桐生市がこれまで市民に対して何をしてきたか、市福祉課のような無法者……いや、自治体が、法改正をさらに悪用しうる可能性が懸念されることを時間いっぱい力説した。

当時、審議されていた生活保護法の改正案では、生活保護世帯に対する就労準備支援や家計改善支援等の事業を法定化するという提案がなされていた。

四月九日の質疑で石橋議員も懸念を表していたように、就労準備支援や家計改善支援などの事業は、ともすれば桐生市のように行きすぎた指導やハラスメント、果ては虐待へと発展しかねない。実際に桐生市では、利用者のみならず、申請前の相談者にすら家計簿をつけるよう指導したり、「一日八〇〇円で生活した人もいる」と経済的ＤＶをかましたり、病気で働けない人を無理やり働かせようとしたり、実際に働かせてきたのだ。事業が法定化する前から、悪用するけしからん自治体が現に存在するからには、慎重に議論する必要がある。

一年で数回締めるか締めないかのネクタイにスーツ姿の稲葉は、桐生市が二〇二〇年度の会計年度任用職員の募集に、刑事課での暴力団対応経験者を希望していたことを挙げ、窓口に相談に来る住民を保護や支援の対象ではなく、排除や取り締まりの対象として見るまなざしが職場全体に浸透していたのではないかと述べ、厚生労働省が今年度から警察官ＯＢの配置をさらに進めようとしていることに警鐘を鳴らした。

また、議論されている家計改善支援についても、桐生市がこれまで勝手に保護費を満額支給せずに、課の手持ち金庫に保管して分割、減額支給していただけでなく、利用者に家計簿をつけさせ、一〇〇〇円単位（「一円単位だった」という証言も聞いたことがある）までレシートを提示させて、それを頻回にチェックするという行きすぎた指導があったこと、また、民間の金銭管理団体を紹介し、厳しい金銭管理を継続させ、国が定める「健康で文化的な最低限度の生活」がとうてい営めないような額で生活させていたことを指摘した。

そして、ここからがとても重要な陳述なので、稲葉の言葉そのままを書き写す。

私は過去三〇年間、民間の立場で生活困窮者の相談支援に取り組んできましたが、私たち支援者が「支援」だと思って行なっている行為は、「支援する側」「される側」という非対称的な関係性の中で、容易に「支配とコントロール」へと転化しうるリスクを持っていることを常に痛感してきました。

特に公的機関が現金給付を伴って実施する支援は、本人の意思を飛び越えて、日常生活やプライバシーに介入し、干渉するパターナリズムに陥りやすい傾向があります。

私は、生活保護や生活困窮者支援をめぐる国の議論で欠けているのは、「支援」が暴力になりうるという視点、福祉行政が住民を虐待する加害者になりうるという視点だと思います。桐生市の事件はそのことを私たちに教えてくれています。

「自立支援」の名のもとに相談者、制度利用者の自己決定権が無視・軽視されていないか、本人の尊厳を傷つける対応が行なわれていないか、行政は常に確認・検証をしていく必要があります。

桐生市の福祉課が切り刻み、粉々にしたのは保護費だけではありません。制度を利用する住民の尊厳が切り刻まれ、人間らしく生きるための権利が粉々にされたのです。

厚労省と県の監査が重要視するもの

武見厚労大臣に「びっくりした」を連発させた桐生市の実態だが、では、びっくりした後はどうなったのかといえば、これがぜんぜん分からない。

全国調査団は桐生市の件で何度か厚労省にも申し入れをしているが、靴を脱いで投げつけたくなるほどに、けんもほろろの対応をされている。それでも、もしかしたら、国は水面下で県の保護課や桐生市に対して「しっかりしてくれよマジで」と舌打ちしたいのを我慢しながら警告の一つもしているかもしれないのだが、そもそも桐生市が過去一〇年の間に生活保護件数を半減させたことを、県も国も疑問に思わなかったのだろうか？

厚労省は二〇一四年と一七年に二度、桐生市に監査に入っている。

厚労省の監査は全自治体に入るわけではなく、監査が必要と判断された自治体が都道府県の中から選び出される。たった三年の間に二度も国が直々に監査に入っているということは、最初の監査で改善が見られなかったからと考えるのが自然だ。ところが、その監査結果を国も、県も、市も、すでに廃棄してしまって何も残っていないと主張しているのだ。まったく信用できない。何を指摘されたのか、されなかったのかは資料が出てこないので分からないが、二〇一五年の桐生市議会で渡辺ひとし市議（日本共産党）に窓口での水際対応を問われた助川直樹氏（当時の福祉課課長）はこう答えている。

「昨年、〔平成〕二六年度厚生労働省監査のほうが厳しくございまして、事務監査が行われておりますが、指導等につきましては、問題もなく適正に行われているということで評価をいただいているところでございます」

では、各実施機関を監査する役目を担う県はどうか？

県の地域福祉課は、県内の全福祉事務所を対象に毎年一般監査を行なっている。その時にどこかの時点で「あれ？　なんでこんなに保護件数が減ってるの？」と思わなかったのだろうか？　半減するまで気づかないということがありうるのだろうか。私のような素人でもおかしいと思うのに。

二〇一八〜二二年度の五年間、県は桐生市の辞退廃止の多さには気づいていて是正改善を求めている。しかし、五年間、同じ指摘をしつづけているのだ。つまりまったく改善されなかったということで、桐生市にとって県の指導など痛くもかゆくもなかったのだろう。県も県で、まったく改善しない市に対して、コピペでもするかのように同じ指摘を繰り返している。監査が形骸化しているように見えるが、どうしてこんなことが起きるのだろうか。

実は、国や県が監査で最も重視しているのは、保護件数が減少することよりも、増えることに対してだからだ。

手元にある県の監査結果報告を紹介したい。

「保護率の高い実施機関（上位三実施機関）及びその要因」と「被保護世帯数の減少率（B／Aのもっとも高い実施機関及びその要因）」という監査項目がある。二〇二二年度からさかのぼってみよう。

二〇二二年度　保護率の減少率は不動のトップランナー桐生市。

二〇二一年度　桐生市と減少率を競う館林市が桐生市を抜いてトップに躍り出る。

二〇二〇年度　トップを走りつづける桐生市。

二〇一九年度　過去一〇年間保護率を減少させてきた桐生市。

二〇一八年度までさかのぼると、項目は「保護率の高い自治体トップ3及びその要因」のみになり、保護率が最低の自治体は監査対象にもなっていない。

保護率が高い（人口に占める保護件数が多い）自治体はトップ3自治体まで記載し、事細かに聴

2019～22年度　群馬県本庁監査資料（生活保護法施行事務監査資料）より

2022年度

（7）被保護世帯数の減少率（B/A）のもっとも高い実施機関及びその要因

実施機関名	減少率（%）	被保護世帯数	都道府県市本庁等で分析した要因
桐生市福祉事務所	90.3%	529	・高齢化及び人口減少が進んでおり、死亡による保護廃止が多くなっている上に転入者も少なく、かつて繊維業など地場産業が栄えたことから高齢者も一定の資力を有し、困窮に至る者が少なく保護の新規開始も少なくなっているものと思われる。 ・査察指導員及びケースワーカーを手厚く配置しているため、就労指導など自立に向けたケースワークが出来ていることも、要因の一つであると思われる。

2021年度

（7）被保護世帯数の減少率（B/A）のもっとも高い実施機関及びその要因

実施機関名	減少率（%）	被保護世帯数	都道府県市本庁等で分析した要因
館林市福祉事務所	89.0%	394	・高齢化及が進んでおり、死亡による保護廃止が多くなっている ・就労指導に力を入れており、自立に向けたケースワークが出来ていることが考えられる。

2020年度

（7）被保護世帯数の減少率（B/A）のもっとも高い実施機関及びその要因

実施機関名	減少率（%）	被保護世帯数	都道府県市本庁等で分析した要因
桐生市福祉事務所	83.8%	571	・高齢化及び人口減少が進んでおり、死亡による保護廃止が多くなっている上に転入者も少なく、かつて繊維業など地場産業が栄えたことから高齢者も一定の資力を有し、困窮に至る者が少なく保護の新規開始も少なくなっているものと思われる。 ・査察指導員及びケースワーカーを手厚く配置しているため、就労指導など自立に向けたケースワークが出来ていることも、要因の一つであると思われる。

2019年度

（7）被保護世帯数の減少率（B/A）のもっとも高い実施機関及びその要因

実施機関名	減少率（%）	被保護世帯数	都道府県市本庁等で分析した要因
桐生市福祉事務所	86.7%	580	・高齢化及び人口減少が進んでおり、死亡による保護廃止が多くなっている上に転入者も少なく、かつて繊維業など地場産業が栄えたことから高齢者も一定の資力を有し、困窮に至る者が少なく保護の新規開始も少なくなっているものと思われる。 ・査察指導員及びケースワーカーを手厚く配置しているため、就労指導など自立に向けたケースワークが出来ていることも、要因の一つであると思われる。

き取りをしているのに、保護世帯数が減少している自治体は一自治体しかチェックされてはおらず、しかも二〇一八年以前はチェック対象ですらなかった。

つまり、それは、国や県が重視していたのが、自治体の違法・不適切な水際対策ではなく、むしろ「受けさせすぎじゃない？（必要じゃない人に受給させていないか？）」という点だったということだ。

また、減少の要因分析を読むだけで腸《はらわた》が煮えくり返る思いだが、桐生市の悪行の数々が明らかになった今、県は過去のこの監査結果をどう言い訳するのだろうか。市の言い分を鵜呑みにして、毎回分析をコピペしていたのだと思うとその見識を疑うが、おそらく、市が保護率を減少させていることを問題視していなかったのだろう。そのことが、市を増長させ、市民に対する虐待と言っても過言でない対応を支えてしまった。県と国の責任は重い。

国の本音と建て前

コロナ禍真っただ中にあった二〇二〇年一二月、初めてウェブサイト上に「生活保護の申請は国民の権利です。ためらわずにご相談ください」と掲載した厚生労働省。しかし、それまでに困窮する人々に対して積極的に生活保護利用を促すことは一度もなかった。

生活保護の要件を満たしている人のうち、実際に生活保護を利用する人の割合を捕捉率と言うが、この国の生活保護の捕捉率はたったの二〜三割と言われている。それ以外の人々は、国が定める最低生活費を下回る生活を必死にどうにか生きており、あるいは最悪の場合は困窮の末に亡くなっているのだ。ひるがえって、国が目くじらを立てる不正受給率は保護費全体の〇・四％程度である。

生活保護の捕捉率がたったの二割程度のこの国で、それでも生活が立ち行かなくなって助けを求めてきた市民に暴言を吐いて追い払う。そんな悪質極まりない水際作戦や、嫌がらせの限りを尽くして生活保護利用者を減らしてきた行為は、桐生市保健福祉部長の助川直樹氏の議会答弁（答弁時は福祉課長）によれば、褒められこそすれ、一部分が形式的に注意されるだけだったのだ。そのことに戦慄する。

東京都内の自治体で生活保護のケースワーカーを長く務めた田川英信さんは、「厚労省が監査に入るのは保護率が増加した自治体が多い。監査の目的が、本来求められている、生活保護を利用すべき人が利用できているかという『漏給』の防止ではなく、不必要な人が利用していないかという『濫給』防止ばかりになっているのではないか。こうした監査のあり方を変えなければ、桐生市のような違法・不適切対応は改善されない」と話す。

大臣もビックリしている場合ではない。責任を感じて、国の監査を漏給防止の観点で見直してほしい。

報道に押される形になったのか、二〇二四年の一月から二月にかけて、群馬県の特別監査が桐生市に入った。仕事終わりに夜道を駅に向かって歩きながら、仲道さんに電話をしたのを思い出す。「県の特別監査が入ったらしいですよ！　嬉しくないですか？」と私がやたらと興奮した声を出すと、電話の向こうで仲道さんはハハハと笑った。

その結果が公表される前に仲道さんは亡くなってしまったのだが、監査結果は驚くべき内容だった。仲道さんが問題を可視化してくれたおかげで、ようやくまともな監査が行なわれ、武見大臣の目玉がポーンと飛び出るような結果が出たのだ。

Part 12

群馬県による特別監査

小松田健一

「桐生市に対して事実確認やヒヤリングなどを行ない、不適切な点を指摘して改善を求めるとともに、県下の各福祉事務所に注意喚起をしたところでございます。その後も不適切な取り扱いが報道されていることから、本年〔二〇二四年〕一月には特別監査を開始し、実態把握を進めているところでございます」

二〇二四年二月二二日午後。開会中の群馬県議会二月定例会一般質問で、健康福祉部長の唐木啓介が注目すべき答弁をした。酒井宏明（日本共産党）が一連の問題をただしたことに対する答えだった。私はこの日、別件の取材で前橋市を離れており、移動中に自動車備え付けのテレビから流れる群馬テレビの音声で聞いた。「ようやく県が踏み込んだ」と感じ、支局へ帰着後、同部に補足取材を行ない、記事を出稿した。

県の特別監査入る

監査は生活保護法二三条一項を根拠としており、福祉事務所が生活保護制度を適正に実施しているかをチェックする制度だ。市の福祉事務所であれば、都道府県が実施する。年に一回、すべての福祉事務所を対象とする「一般監査」と、制度運用が不適切と認められたり、各種データから保護の動向に特異な傾向があったりする場合に行なわれる「特別監査」に大別される。桐生市への実施は初めてで、群馬県内全体でも過去にわずかしかない。県が桐生市に対して厳しい姿勢を示したことに、私は山が少し動いたと感じた。

県が監査結果を公表したのは、それから約四カ月後の六月二一日だった。一月と二月、計六日間にわたり、健康福祉部職員が桐生市福祉課を訪れ、二〇一八年四月から二三年一二月にわたる八三〇件の関係書類を確認するとともに、同課職員一一人に聞き取りをした。

監査する都道府県には、福祉事務所への強制的な立ち入りや書類提出義務を課すなどの強い権限はない。それでも、桐生市の対応の問題点を相当あぶり出したと言っていい。

まず、二〇一一年度から二二年度までの約一〇年間で保護者数がほぼ半減した理由を「断言はできないが、申請権を侵害するいわゆる『水際作戦』を疑われる対応が一因である」と結論づけた。四五二件の面接相談記録を確認し、疑わしい事案は約七〇件を数えたという。

具体的には次の通りである。

① 世帯収入が最低生活費を下回っているのに、相談記録には「家族で協力して生活を送れば困窮には至らないことが確認された」と記載されていた。

② 「まずは仕事を見つけてもらうことが最優先」と、就労が申請の条件であるかのように助言をしていた。

③ 年金の振込額が二万円以上減少し、生活ができないと訴える相談者に「年金事務所に確認するように助言」と記録に記載されているが、実際は年金額の増減に関係なく相談者の収入が最低生活費を下回っていた。

①は典型的な「水際作戦」で、パート4で詳述した黒田正美がまったく同じ経験をしている。②はパート2の山本守男が、毎日ハローワークへ通うことを支給条件として告げられたことと同種のものだ。③も、相談者の収入状況を丁寧に調べれば起きなかったと考えられる。

結果的にはいずれも、桐生市による「ハローワーク通いを申請、支給の条件にしたことはない」との主張や、保護者数が二〇一一年度からの約一〇年間で半減した理由について「高齢者が多く、死亡による自然減が主な要因」との主張を事実上否定するものだった。

また、桐生市が保護費を分割支給し、未払い分を市が預かった行為は、生活保護法三一条二項

「生活扶助のための保護金品は、一月分以内を限度として前渡するものとする」に違反すると明言した。さらに、市の「支給済みの保護費は同意を得て預かったもの」との見解も、地方自治法二三五条四の二項「普通地方公共団体の所有に属しない現金又は有価証券は、法律又は政令の規定によるのでなければ、これを保管することができない」との規定に照らし、いったん支給したのであれば利用者の私費であって、市に保管権限はないため違法と断じた。

県庁で会見した県地域福祉課長の米沢孝明は「十分な記録が記載されておらず、ヒヤリングでも『水際作戦をやっていた』という確認は取れなかった」と、監査の限界を率直に認めた。桐生市に対しても年に一回行なっていた一般監査で、過去の違法・不適切対応を見抜けなかった理由について問われると、監査項目が二〇項目以上と広範にわたるうえに、期間が二～四日間程度と短いことを挙げた。

また、分割支給の有無や、他人の印鑑を押印していないかといった点は、もともと項目にないのだという。米沢はさらに「記録の確認が中心になるので、記録に残っていない部分はなかなか見つけられない部分があったと考えている」とも説明した。

扶養の偽装と「仕送り強要」の疑惑

監査結果は、保護件数が急減したと考えられる要因について、もう一つの重要な事実を指摘した。これには、介護保険などに関係する「境界層該当措置」や、親族による扶養が深く関わっていた。

境界層該当措置は、非常に複雑で分かりにくい。

生活保護の適用の可否を判断する「要否判定」で、世帯の毎月の収入が生活保護の最低生活費に満たない場合、通常は要保護状態と判定されて保護が適用される。境界層該当措置とは、収入水準が最低生活費の境界（ボーダーライン）に位置し、医療・介護に必要な費用を減額すれば要保護状態でなくなる場合に適用される措置を言う。適用するには生活保護を形式的に申請したうえで、却下される必要がある。却下後に境界層該当措置証明書が交付され、介護保険料や介護保険サービスの利用料が減免される。

たとえば、親族から月額二万円の仕送りを受けると国が定めた最低生活費を上回り、生活保護の必要がなくなる場合、その親族が福祉事務所に「扶養届」を提出することで、境界層該当措置を受けられる。適用が増えれば、本来は保護対象の人が外れることになるので、生活保護件数は減る。桐生市の場合、二〇二二年度の却下率は二〇・二％と、全国平均（七・五％）と比べてかなり高い（全国調査団の資料より）。市は却下率が高い理由を、同措置の適用が多いためと説明していた。

しかし、監査では却下決定時の実態を把握できない事案が多数認められたという。たとえば、福祉施設に入所していた女性について、姉から提出された扶養届は、金銭的援助を「できない」

とする欄に一度チェックが入り、その後に「不足額を援助する」に訂正されていた。

群馬県から桐生市への監査結果の通知には「仕送りの実現性が確認できないケース」として、五つの具体的事例が記載されていた。

① 年金収入が最低生活費以下である高齢の妹から「不足分」の仕送りを受け、境界層該当措置が適用された。

② 娘からの扶養届で、一万五〇〇〇円の仕送り額が「不足分」に訂正されていた。不足分は三万七三二円だった。

③ 入所している施設の職員が「本人行方不明の為、職員代筆」とした長男の扶養届にもとづいて仕送り収入を認定した。

④ 桐生市内在住で生活保護利用者の姪に二万円を仕送りしている申請者が、甥から一七〇六円の仕送りを受けていた。

⑤ 姉からの扶養届に金銭的援助を「できません」の欄にチェックがされていたが、その後に金銭的援助を「します」に、不足額を援助すると訂正されていた。

年金収入が最低生活費以下、あるいは自らも生活保護利用者であるにもかかわらず親族へ仕送りするなど、扶養する側にも経済的余裕が乏しい事例も見受けられた。ここからは、境界層該当措置の適用に最低必要な仕送り額を一円単位で認定する強引な「辻褄合わせ」や、親族からの仕送りを「強要」あるいは「偽装」した可能性が類推された。施設職員が扶養届を代筆するメリットを聞かれた米沢は「分かりません」と首をかしげた。

桐生市第三者委員会の第四回会合で提示された資料によると、二〇一八年の境界層却下は二八件あったが、うち一四件の仕送り額が一円、一〇円単位になっていた。

立命館大学准教授の桜井啓太は「毎月の仕送り額がこのようになることは通常考えられません。市が、申請した世帯の扶養届に不足分を記載させて、収入が保護基準を超えるようにして、実際には仕送り実態を確認していないにもかかわらず収入認定する、いわゆる『カラ認定』が強く疑われます。生活保護制度に精通している者が、相当な悪意を持って構想しなければ思いつかない仕組みです」と指摘した。

特別監査時の市職員へのヒヤリングでは、保護申請にあたっては扶養義務者に対して対面で境界層該当措置について説明し、実際の必要額も口頭で説明している、収入認定額は実態にもとづいたものであるといった証言があり、「仕送り偽装」や「カラ認定」は否定していた。

特別監査はそれを踏まえたうえで、親族へ扶養の実現性を確認しないまま収入認定したり、ケース記録に仕送りに至った経緯や収入認定額が実現可能なのかを確認した経過が記載されていなかったりと、不適切な対応があったと認定した。

米沢は「保護の出口となる廃止は、他自治体と比べて大きな差がありませんでした。やはり、申請数、開始決定数がそのまま（保護者数の）減少につながったメインの理由ではないかと分析しています。組織的に水際作戦をやっていたと断定できないが、入り口での違いは大きいと思います」との見方を示した。

荒木恵司市長は同日、「指摘された事項は早急に是正改善の措置を講ずるよう指示しました。監査結果を真摯に受け止め、信頼回復に向けて、適正な生活保護業務を行うべく、引き続き改善に取り組んでまいります」とのコメントを出した。

群馬県は一連の監査結果を市の第三者委員会に情報提供し、今後の調査に活用してもらうという。桐生市に対しては、八月末までに是正改善措置を報告するよう求めた。

市はこれを受けて、九月二日に報告内容を公表した。分割支給は真に必要な場合に限り、書面で同意を得て行なうこと、その場合でも月内に全額支給するとした。当然のことばかりではあるが、違法行為を重ねてきた市が、あらためて適正対応を表明したことには大きな意味があった。

Part 13

告発の行方——国家賠償請求裁判

小林美穂子

群馬県桐生市が生活保護費を一日千円に分割し満額支給しなかったなどの取り扱いは憲法や生活保護法に違反し、貧困生活を余儀なくされたとして、生活保護利用者の六〇代と五〇代の男性二人が三日、市に計五五万円の損害賠償を求めて前橋地裁桐生支部に提訴した。

（二〇二四年四月三日付　東京新聞）

桐生に暮らす二人の市民が、国家賠償請求訴訟に踏み切った。仲道宗弘司法書士が前年から支援していた六〇代男性と五〇代男性である。

桐生市側の対応について、男性らが提訴を視野に入れていると、私は二〇二三年の段階で耳にしていた。本当に提訴に踏み切れるだろうか。私は祈るような気持ちで見守っていた。ここまで違法で不当な目にあわされたのだから、提訴は当然と言える。しかし、桐生市という強権的な組織を相手に、一市民が裁判を起こすのは容易ではない。二人を決意させた動機は何だったか。

原告二人は弁護団を通じて「私のように苦しい思いをする人が二度と出ないようにしたいと思ったから」「自分も苦しかったですが、自分より立場の弱い人が苦しまないよう、桐生市が二度と法律に反した行為をしないようにするために原告となりました」とコメントしている。

慰謝料は一人二五万円とした。生活保護の根拠となっている「健康で文化的な最低限度の生活を営む権利」を保障した憲法二五条にちなみ、原告と弁護団（斎藤匠弁護団長）で話しあって決めたという。残りの五万円は裁判費用だ。

反社会的勢力を思わせる支配構造の中で

「一日一〇〇〇円」の被害を受けた原告の証言を皮切りに、桐生市が長年にわたって、相談者や利用者の人権を踏みにじり、虐待とも言える対応をしてきたことが可視化された。

私自身も何人かの証言者にお話をうかがうことができたのだが、誰もが「あんな思いを他の人にさせたくない」と口を揃えるのが印象的だった。

可視化された問題対応はほんの氷山の一角、の中のさらに小さな点のようなもの。支援者たちに相談はたくさん届くものの、相談者の誰もが「桐生市に仕返しされるのが怖い」と怯える。匿名を約束してもなお、被害の公表を拒む方がほとんどだ。中には、桐生市で受けた度重なるハラスメントの末に体調を著しく崩し、他市へ逃れたケースも何人かいらっしゃるほどだ。市でのトラウマに心身を蝕まれ、桐生市の担当者を思い出すだけで嘔吐してしまう方もいる。一〇年近くが経過して、ようやく話せるようになった人も。

地元のさまざまな福祉事業所でも市の悪評は有名だ。しかし、誰もが口をつぐむ。「つぶされるから」と。

シチリアのマフィアの話をしているのではない。公的機関である市役所が、そして市民の命と生活を守る最後の砦であるはずの福祉事務所が「アンタッチャブル」では、あまりに救いがないではないか（もっともシチリアのマフィアもかつての勢いはないようだが）。

第一回口頭弁論

二〇二四年七月一九日、前橋地方裁判所二一号法廷にて第一回目の口頭弁論が行なわれた。

事件名は「桐生市生活保護費分割手渡一部不支給国賠事件（裁判長　神野律子）」。とても一度で覚えられないような長い事件名だが、悪事の数々がギュッと圧縮して一行に閉じ込められている。

朝早い電車で前橋地裁に駆けつけた私は、仲道さんの妻さゆりさんと再会した。

仲道さんの葬儀以来、四カ月ぶりだった。

「仲道も連れてきました」。さゆりさんは夫が生前愛用していた磁器ネックレスを首につけていた。「肩こりや頭痛が少し楽になる気がするって言ってたんですよね」。しんみりと言葉を継いだ。

傍聴席は満席。入りきれない人が廊下に溢れた。裁判官がゾロゾロと正面のドアから入ってきて着席すると、ザワついていた法廷がしんと静まり返る。裁判官全員の着席後、開廷宣告前の二分間が報道関係者の撮影タイムだ。ニュースでお馴染みの、裁判官が居並ぶ風景が撮影される。この間、傍聴人は映らず、映り込んだとしても後頭部だけなのだが、つい緊張して息を止めてしまう。映されている裁判官たちはといえば、静止画のようにうっすら口元に笑みをたたえていたり、神妙な顔で瞬《まばた》きを我慢していたり、慣れっこなのか微動だにしないキメ顔でカメラを見つめ返す。そんな裁判官たちから原告弁護団に目を移すと、背筋をぴんと伸ばしキリッと前を向く弁護士たちの目に青い炎が見えるようだった。

口頭弁論は原告、被告側両者が提出した書類の確認と、次回の日程を決めると、あっさり閉廷した。

裁判と聞くと、私たちはテレビや映画でよく見る、検察と弁護人がお互いの証人を立たせてバチバチと火花を散らすシーンを思い浮かべるが、それは刑事裁判でのことで、今回のような民事裁判では代理人がお互いの言い分を書面で取り交わすのが主なのだそうだ。裁判官が必要と判断すれば、証人の出廷もあるらしいが、少なくとも今はまだその段階ではないらしい。

請求の棄却を求める桐生市

閉廷後、私は原告と被告側が提出した答弁書を閲覧した。

その中で桐生市は、保護費を全額支給しなかったことは法律に違反する行為だったことを認めたものの、「分割支給は受給者の合意があった」「ハローワークの条件はつけていない」として、請求の棄却を求めていることが分かった。

はい、出ました。「言った言わない問題」。非常に残念なことだが、録音でもしていない限り、行政は自分たちの非を認めない。それも絶対に認めない。そのことを私は過去の経験からイヤというほど知っている。水際作戦の証拠となる録音データがあるような稀な例でさえ、手段を選ばずに事実を歪めた自治体もあるほどだ。

桐生市の言い分に胸を悪くしながら、私は答弁書を筆記していた。記者会見では頭を下げて「生まれ変わる」なんて言っていたくせに、実際は反省する気なんてサラサラないように感じる。この桐生市側の主張のために、次回の弁論で原告側は「言った言わない」を論理的に崩す闘いとなる。

第二回口頭弁論

長く続いた過酷な夏が過ぎ、ようやく朝夕が過ごしやすくなった一〇月四日、二回目の口頭弁論が開かれた。前回の傍聴人が多かったために抽選裁判となった今回、私は鼻息も荒く、早々と前橋地裁に到着した。幸い、傍聴席には無事に入れ、私は仲道夫人と、五時起きして東京から駆けつけたつくろい東京ファンドの同僚と三人で最前列に並んだ。振り返って傍聴席を見ると、後部座席に桐生市の保健福祉部長、参事、課長、係長が固い表情で座るのが見えた。

この日も準備書面の確認と次回の日程設定であっけなく閉廷となり、支援者やメディア関係者と一緒に原告弁護人による報告会に向かった。

今回の陳述でのハイライトは、「(生活保護費の)未支給分を世帯ごとに封筒に入れ、金庫に入れて保管していたことについては、福祉事務所の当時の所長、課長、係長も知っていた」とする書面が市側から提出され、組織的関与が示唆されたことだ。

「しかし、受給者ごとに支給の時期が異なり、現金の出し入れは担当する現業員(ケースワーカー)が管理していたこと、また、全体の状況を把握するための一覧表は作成していなかったので、どの職員が誰の未支給分をいくら預かっていたという個別具体的な状況について、上司は、把握していない」と、さりげなく上司を逃がすような言い分が続き、さらには「原告との間で、生活保護費を分割支給することの合意文書は作成していない」と続く。合意なき分割支給だったという事実を認めるよりも、記録を残さない杜撰な事務を批判されることを選んだのだろう。杜撰な事務については「今後は気をつけます」で済むし、分割支給のやり取りについては「記録がないから分からない」で逃げ切れる。「肉を切らせて骨を断つ」ということか。

一日一〇〇〇円の分割支給合意について

まず、この物価高騰の現代において、大の大人が本来支給されるはずの約七万円を受け取らずに、一日一〇〇〇円支給でいいなどと同意するだろうか。常識的に考えて無理がある。高校生の昼飯代ではないのだ。国が定める最低生活費の半分ほどの額なのだ。これでは健康で文化的には生きられないと、支給する側の当人たちも認める額だ。ましてや重い糖尿病の持病に苦しんでいた原告が、それでも同意したのだとしたら、それは市が有無を言わせなかったから、としか考えられない。

分割支給の同意について、原告は以下のように反論している。

「原告は、職員から『〇法の〇条では、こうなっています。あなたの場合は様子見で一日一〇〇〇円です。』と言われた。原告は、一日一〇〇〇円ではとても少ないと思ったが、福祉事務所の指示に従わなければ、生活保護費を全く貰えないと考えた。そのため、一日一〇〇〇円の分割現金支給に同意していたわけではないが、異論を述べることができなかったものである」

原告弁護団の意見陳述にもあるように、圧倒的な力の差がある中での弱者の同意は有効ではない。

「最低生活費に満たない収入しかない原告と、生活保護を支給するだけの資金を持ち、支給の可否を決定する権限を持つ被告では、圧倒的に被告（市）の力が強い。このように極めて不均等の力関係のもとで仮に原告の同意があったとしても無効である。実際に原告は『お金を持っているのは桐生市だから、桐生市がダメだといえばダメなんだ。』と思い、福祉事務所の指示に従わなければ生活保護費を全く貰えないものと考えて強く反対できなかったものである」

そして、弁護団は、桐生市側が同意があったと言い張るのなら、じゃあ毎日分割受領について同意があったことを立証してくれと、とても丁寧で適切な言葉で市に迫っているが、市の回答が想像できる私はそこで、「あ、そうでしたね。市は何一つ記録も残していないんでしたね」と、能面フェイスに棒読みで嫌味の一つも言いたくなるのだ。

論点が同意の有無にずらされているが、市側がどんな言い訳をしようと、市民に満額支給すべき生活保護費を勝手な判断で支給しなかったことには変わりがない。そのことが違法であることは県も市もすでに認めており、不動である。四の五の言って少しでも罪を軽くしようとしてんじゃねえ。往生際の悪い。

そのような症状については不知である

原告、被告の書類上のやり取りを同僚と写していて、「はあ？」と思わず声を上げてしまったのが、原告の体調についてのやり取りだ。

弁護側：原告の同意は原告の自由な意思にもとづいたものとは言えず、無効である。原告には糖尿病、高血圧、眩暈症状があり、杖なしには歩けず、左耳も聞こえない。

被告側：そのような症状については不知である。ある程度の就労意欲が認められ、自ら進んでハローワークに通っている様子もうかがえた。

この食い違いは何だろうか。

両原告はともに重い持病を抱えている。通院して治療も受けているし、それは市も把握しているはずだ。もし、申請時の聴き取りで健康状態に注意しなかったのだとしたら、いったい何の聴き取りをしているのだろうか。あるいは相談者の申告を疑う気持ちがなかったか。見るべきものを故意的に遮断していなかったか。

この他にも悲しくなってしまうような陳述は続く。

一日一〇〇〇円しか受領できなかった原告らは、買ったものすべてのレシートをノートに貼付した家計簿の持参を求められたり、財布の中身を見せるように言われたりしていた。家計簿には今日の財布の中身を書く欄があり、職員は家計簿と財布の中身をチェックしていたという。ここまで屈辱的な監理をも「指導」と言うのだろうか？

桐生市の家計簿フォーマット。生活保護申請を希望した人に、申請書ではなく家計簿をつけることを指示したケースも

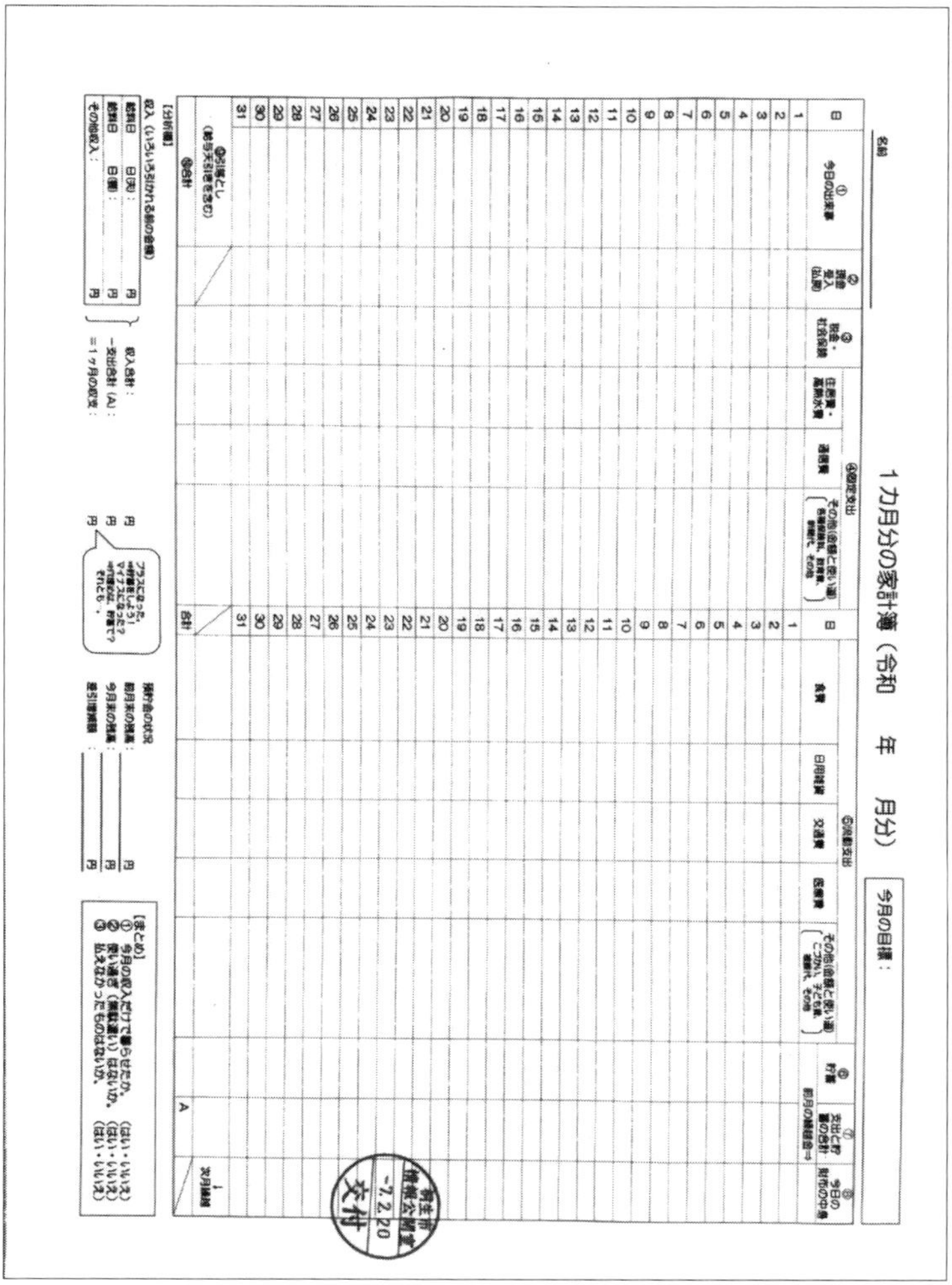

また、一日一〇〇〇円窓口支給の釈明として、「外出の機会を創出したいと考えたため」と書かれていたことにも頭髪がスポーンと吹っ飛ぶような驚きを感じ、深い悲しみに襲われた。重い持病を抱えた人間に、良かれと思って一日一〇〇〇円、ほら出ておいで。ハローワークに行ったらご褒美に一〇〇〇円あげるよ……。これは「指導」ではなく、罰で、拷問で、支配だ。いったいどうして、原告たち、そしてその陰に隠れた少なくない利用者たちは、これほどまでの屈辱を味わわせられてきたのだろう。生活に困窮することは罪なのか？　病気になるのはその人が悪いのか？　福祉事務所の職員は、弱っている市民に罰を与えるのが職務なのか？　何より生活保護の利用者が自分と同じ人間であることを、職員は知っていただろうか？

第二回の口頭弁論閉廷後、原告弁護団長の斎藤匠弁護士は、同じ問題で二〇代男性が追加提訴したことを明らかにした。原告は三人になった。

季節は移ろい冬。一二月一三日、第三回の口頭弁論が行なわれた。

原告が一日一〇〇〇円の分割支給に同意していなかったことを示す追加主張が訴状に書き加えられた。それによると、原告が生活保護の利用を開始したのが夏だったため、住居にゴキブリ等の害虫が出るようになった。そのため、殺虫剤を買いたいと思ったが、一日一〇〇〇円では食費で精一杯だ。原告は職員にゴキブリが出るので殺虫剤を買いたいと申し出たところ、「殺虫剤（スプレー缶）の値段を知りたいので缶の写真をとって来て見せなさい。」と言われた。しかし、販売店で商品の写真を勝手に撮ることは禁止されていると思った原告は、写真を撮って来ることができなかった。そのため殺虫剤を買うことすら叶わなかった。

原告には仲道さんの他にも支援者がいた。一日一〇〇〇円しか受け取れないこと、毎日ハローワークで求職活動を強いられていること、生活が苦しいことを、この支援者にも何度も繰り返し訴えている。これを聞いた支援者は、桐生市の対応はあまりにもひどいと感じ、群馬県の生活保護担当に対して申し入れをしている。しかし、群馬県の答えは「県から指導しても桐生市は従わない」であったという。

これでも原告が一日一〇〇〇円に合意していたと思う人はいるだろうか。保護費が満額支給されず、自分で殺虫剤も買えない、頼み込んでも支給してくれない、こんな制度運用が許されるはずがない。

小さな地域で起きた、大きな権力による違法行為、人権侵害に声を上げた人たちに、最大限の敬意を表したい。明らかな違法行為を認めさせるために、そして当たり前の権利を勝ち取るために、原告がこれほどの苦労と不愉快な思いをしなくてはならない理不尽に心底腹が立つ。そんな中にあって、他の人が同じ不利益を被らないよう、そして徹底的に踏みにじられた尊厳を取り戻すべく、闘う決心をされた方々に心からのエールを送りたい。裁判は続く。どうか司法が機能しますようにと、祈るような気持ちで最後まで見守っていく。

終　章

桐生市事件が問うもの

Part 14

その人は確かに生きていた

小林美穂子

「ほんとうにかわいそうでしたよ」

何度も繰り返しながら、サキエさんは顔を曇らせた。

サキエさんが関わっていた男性は正人さん（仮名）という。当時四〇代前半だった。真面目でおとなしく、孝行息子だった正人さんは、二〇一七年の冬に孤独死した。生活保護の利用を希望し、懇願しながら、最後まで叶わなかった。

これは桐生市ではなく、群馬県内のある自治体で起きた悲劇である。水際作戦は桐生市でのみ行なわれていることではないのだ。

福祉事務所が殺したと言ってもいい死だが、表面化することもなく、なかったことにされた死。当時関わった福祉事務所職員は覚えているだろうか。それとも、そんな死は珍しくないから忘却の彼方に葬り去っているだろうか。

苛烈な水際作戦の果てに

正人さんは高齢で介護が必要になった母親と二人暮らしをしていた。

サキエさんは母親のケアマネジャーだった。

正人さんは正社員として工場に勤務していたが、持病が悪化して足の一部を切断、仕事が続けられなくなって離職せざるをえなくなった。唯一の収入源は月一五万円ほどの母親の年金。しかし、正人さんの足が不自由になってからは在宅での介護は困難になった。加えて母親の認知症が進行したため、有料老人ホームへの入所が決まった。

一人暮らしとなった正人さんは、最初のうちこそ貯金を切り崩すなどして自宅のローンを払っていたが、やがて支払いは滞り、家は競売にかけられることになった。買い手が見つかり次第、家から出ていくように言われたが、行くところはない。

「生活保護を受けたい。とてもじゃないが生活できない」。正人さんは困り果てていた。目の前で困窮する人を放っておくことはできない。クライアントの家族をサポートするのも仕事のうち、そう考えるサキエさんは、正人さんを伴って地域の市役所に相談に行った。まさか役所であんな目にあうとは、想像もしていなかった。

身体障害者手帳の取得を申請しようとすると、足の切断後時間が経過しているから申請できない、と職員に告げられた。障害があるのは誰の目にも明らかなのに、なぜ？　と食い下がったが、埒が明かない。仕方なく、社会福祉協議会に貸付を受けようと訪れると、この制度は就職が決まっていて返済能力がある人のみが対象だから、と断られる。

そこで、最後のセーフティネットである生活保護課の窓口を訪ねるのだが……。

「働く気はないのか」「まずは車を売ってこい」

職員から放たれた言葉だ。職員の声のボルテージが上がると、その声を聞いた他の職員もなんだなんだと奥から出てきた。腕まくりをしながら出てくる職員もいた。複数人の職員から口々にいろんなことを大きな声で言われ、生活保護の申請はさせてもらえなかった。サキエさんは「すごく威圧的でしたよ。テーブルを叩きながら大きな声を出すんですよ」と当時を振り返る。

スゴスゴと引き下がった正人さんは、言われた通り、車を廃車にした。この時、所持金は数千円になっていた。サキエさんに連れられて再び役所に赴くと、「施設入所しているお母さん（要介護五）を引き取って介護して暮らせば、お母さんの年金でやっていけるでしょう」とメチャクチャな提案をされる。母親は自力でベッドから起き上がることもできず、正人さんは足が不自由だというのに。サキエさんが反論すると、職員はなおも続けた。

「親と子は切っても切れないんだよ。親に育ててもらった恩があるだろう。あんた（正人さん）が面倒をみる義務があるんだよ。生活保護は税金だ！」「働けないなら医師の診断書を持ってこい」あげくには、サキエさんを指し「あんたのやっていることは不正指南にあたる」と怒鳴った。「不正指南って言われたんですよ」。その言葉を忘れられないと、サキエさんは悔しそうに顔を歪める。

正人さんはなけなしの所持金から数千円かけて医師の診断書をもらい、再度申請を願い出た。役所の閉庁時間をはるかに超える時間まで粘ったが、役所側は「働けないならもう一度母親と一緒に暮らせ」「申請するのなら母親と同一世帯になって申請しろ」の一点張り。

どうして老人ホームに入所している母親と同一世帯にするのかと、サキエさんも引き下がらなかったが、無理難題はくつがえらず、申請はさせてもらえなかった。正人さんの所持金は尽きた。

対応に納得しなかったサキエさんは何度も県に相談している。県の職員は、自治体の対応は不適切であると理解を示しつつも、自治体に対しては助言も注意もしなかった。

万策尽き果てた正人さんは、職員に指示された通り、同居していない母親と同一世帯ということにして申請書を提出したが、当然のように申請は却下された。

その年の冬、正人さんの家の電気が止められた。

群馬の冬は冷たくて寒い。正人さんは、特に冷え込む夜間、廃車にした車の中で毛布にくるまってしのいでいた。サキエさんが食糧とカイロを差し入れると、風邪をひいたのかコンコンと咳をしていた。「お金がないだろうからお医者に行けとも言えなくてね、申し訳なかった」。その時の正人さんの姿が目に浮かぶのか、手をこすり合わせながらサキエさんは眉を寄せる。

年が明けた。年末年始の慌ただしさで足が遠のいていたサキエさんは、久しぶりに正人さんの自宅を訪ねて愕然とする。寒い時期だというのに、窓にびっしりとハエがたかっていた。

預かっていた合鍵で中に入ると、部屋の中で正人さんが倒れていた。亡くなっていることは誰の目にも明らかだった。震える指先で警察と消防に電話をすると、救急隊員に救命措置をするように指示された。「でも、亡くなっているんですけど」。電話越しに答えると、「死亡しているかどうかは医師でないと判断できないから」と言われたため、ためらいながら心臓マッサージを施すと、死後硬直が解けた後の体は白い梨のようで、肋骨がペコペコとへこみ、手が埋もれるほどにやわらかい。その感触は今も手に残っている。

電気が止められた冷蔵庫に納豆一パック

死因は衰弱、および吐しゃ物による窒息死。

治療を継続できなかったために持病が悪化して低血糖を起こしたのではないかと診断された。電気を止められた冷蔵庫には、納豆が一パックだけ入っていた。

「低血糖ということは食べてなかったということだろうし、誤嚥した吐しゃ物を吐き出す力も残っていなかったのなら、餓死と考えてもいいのではないか」と、サキエさんは訴える。

その日から、サキエさんはずっと悔やみつづけている。正人さんの死は防げたのではないか。自分はどうしたらよかったのか。自分さえもっと制度に詳しかったら、正人さんは生活保護を受けられたのではないか。今でも眠れない夜がある。

正人さんの母親は、大事に大事に育てた一人息子を自慢するのが常だった。

「優しいんだよ、あの子は」

認知症でいろんなことが分からなくなってからも、息子のことは口にしていた。

「最近、あの子が来ないいんだよ」

息子を恋しがる母親に、サキエさんは何も言えず、言葉を濁しつづけた。その母親は最後まで息子の死を知らぬまま他界した。

「大事な息子がいつ、なんで死んだかも知らずに死んでしまう。そんな、尊厳もへったくれもない死があるか。悔しい。生きていた人間がいなくなってしまったのに」

サキエさんの言葉には、何年経っても消えない無念さが滲む。

さんざん、申請を突っぱねた生活保護の担当者に正人さんの死亡を伝えると、「あ、知ってますよー、連絡来たんで」と軽い調子で電話を切られ、呆然としたという。

素直で気が弱く、親思い。足が不自由になるまでは自宅で寝たきりの母親の介護をしていた。足が不自由になって、仕事も、ローンで買ったマイホームも、車も、すべて自分の手からこぼれ落ちた。助けを求めた自治体からは暴言を吐かれ、怒鳴られ、徹底的に拒絶され、持病の治療も受けられないまま、寒さに震え、飢えに苦しみ、衰弱し、正人さんは部屋で一人死んだ。四〇代前半という若さで。

支援者の無力感

支援団体で活動をする私から見ても、サキエさんはできる限りのことをしたと思う。何度も何度も福祉事務所に足を運び、電話もし、県にも相談していた。障害福祉課、社会福祉協議会にも正人さんと出向いている。それでも、誰も助けてはくれなかった。制度はあっても、要件を満たしていても、職員がダメと言えば使わせてはもらえない。

声を上げて現状を変えていくしかないと力を込める私に、サキエさんはあきらめたような顔でため息をついた。

「何も変わらないですよ。無力感しかないです。知識があったとしても、権力の前には無力。この地域は田舎に行けばいまだ村八分もある、そんな世界なんですよ。偏見、差別が根強く、『生活保護はだらしない人』というイメージが強いし、不正受給のデマも信じられている。そんな環境で、何が変わるんですかね」

絶対的権力や閉鎖的な地域で、おかしいことをおかしいと表明し、闘った結果、つぶされ排除されてきた人たちをサキエさんは見てきている。そんな中で正人さんのために自分の身も顧みずに闘ったのだ。それがいかに過酷でリスキーなことだったか、同じ群馬県出身者として肌で理解できるため、私は二の句が継げなくなった。

自治体のケース記録や相談記録の保存期間はだいたい五年と決まっている。正人さんが提出して却下された生活保護の申請書はすでに廃棄されているだろう。相談記録に至っては、はなから存在していない可能性もある。それ以前に、情報開示ができる本人は亡くなっている。職員の名前も分かっているのに、事実は絶対に明らかにならない。

だけど、私は、正人さんが生きていたことを知っていようと思う。彼の死を一人で背負い、もっと何かできたのではないか、もっと自分に知識があれば、正人さんが死なないで済んだのではないかと今も思い悩むサキエさんのためにも。

「おにぎり食べたい」と書き残して男性が餓死した北九州市の事件は有名だが、福祉事務所の水際作戦による餓死、孤立死、自死事件はなくならない。そして、報道されるケースはごく一部であることを強調したい。正人さんは病死扱いだ。制度を利用できていたら、正人さんは今も生きていたのだ。それなのに、正人さんは寄る辺なく、たった一人で死んだ。そして、彼の死に責任がある市役所職員たちは、今も公務員として働いているのだろう。その手に市民の生殺与奪の権を握りながら。

Part 15

問われる行政の責任

小松田健一

本書を書き終えた時点で、一連の問題が表面化してから一年が経過した。私は異動に伴って群馬県から離れるまで、約九カ月にわたって取材に取り組んだ。そこから感じたのは、報道機関がもっと早くに問題を認知し、取材・報道していれば、桐生市がここまで横暴と言っても言いすぎではない制度運用を許されることはなかったのではないか、あるいは他自治体の類似例をもっとあぶり出し、改善につなげることができたのではないかという点だ。なぜそう考えるかというと、報道が始まって以降、当事者からの直接の告発が相次いだからである。ここでは、私が取材した具体例を三件紹介したい。

渋川市でも「水際作戦」

桐生市の報道が続いていた二〇二四年三月初旬。私の一連の記事を読んだという人物から東京新聞にメールが届いた。送り主は、同じ群馬県内の渋川市でも同様のことは行なわれていると訴えていた。

連絡を取り、前橋市内のファミレスで会った。関東平野の最北端に位置する渋川市は人口約七万二〇〇〇人の小都市で、郊外の榛名山麓に名湯・伊香保温泉を擁する観光地でもある。「自分が話せば周囲に迷惑がかかってしまうかもしれない。それでも、桐生市だけの特異な事例ではないことを広く知ってもらい、改善につなげたい」と、告発の動機を語ってくれた。

パート4での黒田正美と同様、取材源が特定されないよう十二分の配慮をする必要があった。しかも渋川市の実情をより間近で知る立場の人物だったので、より慎重を期して、年代・年齢だけではなく、性別や、具体的な勤務先を類推できる情報は伏せることにした。一方で、この人物が渋川市の生活保護行政に関する事情を熟知していることは、勤務先の名刺や持参してくれた資料、証言内容の具体性から間違いがなかった。本書では「社会福祉に関わる仕事に従事する大石雅美（仮名）」とだけ紹介する。

大石は、体調不良などで働けなくなり、生活に困窮した人が生活保護を利用できるよう、渋川市の窓口へ同行することが何回かあった。そこでの経験は、大石にとって驚くべきものばかりだった。「たいていは窓口で追い返されてしまう。申請書を渡さないのです。窓口同行は必須条件です」と言葉に力を込めた。

渋川市による水際作戦に初めて直面したのは、二〇一六年秋だった。障害があり、就労困難な五〇代男性の申請に同行した時だ。応対した職員は「まずは生活を見直すように」と告げ、完全に門前払いだった。大石が数日後、再び窓口を訪れる。そこで「申請させてほしい」「それはできない」と、職員と押し問答になった。一時間半が経過した頃、職員が根負けしたのか、ようやく申請書を持ってきたという。

四年ほど前、病気入院中だった別の男性の申請に同行した際は、男性が入院前に親族と同居していたことを理由に申請を拒まれた。納得できない大石さんは粘った。すると、担当課である「地域包括ケア課」の職員が数人出てきて「申請しても却下されますよ」と告げられた。

大石は「申請をいったん受理したうえで、正式に審査してほしい」と再三主張し、申請書を受け取るまで三〇分を要した。後日に保護決定は出たものの、窓口での対応を「非常に威圧的に感じた。口調こそ丁寧だが、拒否の一点張りだった」と振り返る。

「仕事をしていると受給できない」と、申請を拒まれたこともあった。実際は、就労中でも収入が国の定めた最低生活費を下回っていれば、その差額分は保護を受けられるので、明らかな間違いである。生活保護制度では「基本のき」なのだが、意外に知られていない。

大石は「職員の恣意的判断が横行しているように思います。利用希望者の多くは制度に関する知識が乏しいので、そこにつけこんでいる」と批判する。

取材を終えると、渋川市の見解を聞くため取材を申し込んだ。事前に大石の事例であることを特定できない範囲で内容を伝えていたためか、会議室へ通されて福祉部長、地域包括ケア課長、同課保護係長の三人が対応した。

市側の主張は「指摘されたようなことは一切ない」だった。「保存年限内の二〇一八年度までの相談記録をすべて確認しました。人事異動で担当から外れている前任職員にも聞き取りをしたが、申請権の侵害、または侵害と疑わしいケースは確認できなかった」との答えが返ってきた。県が市に対して毎年行なう監査でも、特に問題となるような指摘は受けていないという。「生活保護は憲法で保障された権利であり、今後も丁寧な説明に努めたい」との回答だった。

三人とも「なぜ、そのような指摘を受けるのか、よく分かりません」と首をひねっていた。取材を終えてほどなく、大石へ市の見解を伝えた。すると「そのようなことを言ったのですか。私が経験したこととあまりに違いが大きいですね。水際作戦は現在も続いていますよ」。

取材結果は三月一四日付東京新聞群馬・栃木版に「砂上の安全網（セーフティーネット） 番外編」として掲載した。渋川市からの反論や抗議はなかった。

四月下旬、再び大石から私にメールが届いた。記事掲載から八日後の三月二二日、市の生活保護制度に関するウェブページの内容が大幅に刷新されたという。「保護を受けることは国民の権利であり、申請はいつでも可能です。生活に困った際はいつでも御相談ください」と明記されていた。以前は頑《かたく》なに配布を拒否していたという「生活保護のしおり」も、群馬県作成のものがダウンロードできるようになっていた。大石は「渋川市の多くの方の生活と、命が救われることにつながります」と、一歩前進の手ごたえを得ていた。

「お金がないと卑屈になる」

「私もひどい目にあったことがあります」

二〇二四年四月上旬、新たな訴えが私のもとへ寄せられた。五〇代男性で、数年前まで桐生市で生活保護を受けていたという。現在は群馬県内の別の都市で暮らしている川田弘（仮名）だ。現住所が同県内という以外は伏せ、詳細な職業も書かないという条件で取材を受けてくれた。

川田は同年三月頃、ネットを閲覧していたところ桐生市の問題を報じるニュースが偶然、目に入った。「自分だけがいじめられていたのかと思っていたが、同じ目にあった人がいた。まだ変わっていないじゃないか」と驚いた。

できることならば、早く忘れてしまいたいつらい記憶ばかりだという。半面、「生活保護の正確な実態が知られていないため、『楽をしている』『働く気がない人ばかり』といった偏見が世間にはびこっている。何とかしないといけない」と取材に応じた。

川田は会社勤めを経て、二〇代で起業した。当初は順調だったが、長引く不況で次第に資金繰りが厳しくなり、廃業を余儀なくされた。収入が途絶えて貯金も底をつき、ハローワーク通いの日々となった。二〇〇件以上応募したが、仕事は見つからなかった。東日本大震災が発生して少し経った頃に「恥を忍んで桐生市役所で福祉課の扉をたたいた」と振り返る。自分の窮状を知ってもらうため、残高がほとんどない預金通帳を持参し、財布の中身もその場で見せた。

職員の反応は冷たかった。「まだ若いから働けるでしょう」と拒まれた。その代わりに、同市社会福祉協議会の生活資金貸付制度を紹介された。同制度は低所得者や高齢者、障害者、生活保護利用者世帯に経済的自立のための小口資金を無利子か低利で貸し出す制度で、現在は単身者だと月額一五万円を上限に最長一年間、貸付を受けられる。

しかし、借金であることに変わりはなく、若い担当者からは買い物のレシートを提示するよう求められた。ある日、気晴らしに一回だけ日帰り温泉に行った。そのレシートを見せたら、担当者は「これは認められません。今月はお貸しできないですね」と冷たく告げた。別の職員がとりなして借りることはできたが、屈辱だった。その後も職は見つからずに負債だけが膨らみ、九カ月後にようやく保護が決まった。

一カ月の保護費は約七万円。住宅扶助は別に出たが、食費を切り詰めて閉店間際のスーパーで割引シールが貼られた弁当を買って食べ、それも買えない時は安いパンやカップ麺でしのいだ。毎月五〇〇〇円の社会福祉協議会への返済も重荷だった。

唯一の移動手段は、以前から所有していた古い自転車が一台。タイヤがパンクすると修理代が一二〇〇円かかった。数回パンクすると、手持ちのお金は尽きた。だから「一日一〇〇〇円」のニュースには、「私以上に厳しいじゃないか。餓死したって不思議ではない。想像を絶する」と、驚きを通り越して呆れた。

川田が暮らしていたアパートは北向きで日当たりが悪く、しかもトイレは汲み取り式だった。保護開始から約五年間は市がエアコン設置を認めず、真夏の昼間は図書館などの公共施設へ「避難」して暑さをしのいだ。

当時の窓口対応を思い出すと、腹立たしいことばかりだという。

「隣の窓口でお年寄りが職員に『こんなことも分からないのか!』と怒られていました」

パート4で紹介した黒田正美も同じ経験をしたが、市福祉課の窓口は個室ではなくオープンカウンターなので、他の来訪者や職員に丸聞こえだった。

「生活保護は権利だから、市と受給者は本来対等でなければいけないはずですよね。職員が生活保護受給者を『物乞い』と見下していなければ、あんな応対はできませんよ」

川田も「保護の身で偉そうなことを言うな」と暴言を吐かれたことがある。だが、逆らえば保護を打ち切られるのではないかという恐怖から、反論や抗議はできなかった。

「お金がなくなると、人間は卑屈になるんですよ」

川田は「このまま桐生市にいつづけても将来はない。環境を変えなければ」と腹をくくった。数年前に市へ保護辞退届を提出し、制度が認める範囲でコツコツ続けていた貯金を元手に新たな住まいを見つけ、市外へ転居した。幸いにもそこで職を確保することができ、現在は自立している。

今思い出して、一番苦しかったのは、飢えだ。

「生きるか死ぬかの瀬戸際まで追いつめられると、死んだほうがましと思うようになるんです。この気持ちを他人へ言葉で伝えるのは難しい。体験したことがないと分からないと思います」と話した。

こんなこともあったという。川田は保護を受けはじめてから二年ほど経過したある日、外を歩いていたら小さな段差につまずいて顔面から倒れてしまった。とっさに顔はかばったが、鎖骨が地面を直撃して折れ、身動きできなくなるほどの強い痛みが走った。運悪く、周囲に人通りが皆無で助けを求めることができなかった。必死に地面を這ってアパートへ戻り、一一九番通報して病院へ搬送された。

「倒れるまでほんの一瞬のはずだったのに、人生が走馬灯のように脳裏を走ったんです。あ、死ぬってこういうことなのかって。文字通り『生きるか死ぬかの瀬戸際』でした」

川田は、生活保護利用者を取り巻く現在の状況はさらに厳しさを増しているはずだと指摘する。その理由は、ここ最近の物価高騰だ。

「いろんなモノの値段が肌感覚で二、三割は上がっています。群馬県で単身者だと一カ月の生活扶助費は七万円少々。働こうとしても、五〇代以上は求人がほとんどない。相当に切り詰めたとしても、簡単にはやっていけませんよ」

生活保護制度の改善に何が必要と考えるかを聞くと、まず保護費増額を挙げ、こう続けた。

「施しを想起させる生活保護という名称は偏見を助長します。たとえば『生活支援制度』『最低生活保障制度』といった名称に変えるべきでしょう。憲法二五条の生存権保障を時代に即したものとしてほしいですね」

約一時間にわたった電話取材の最後に、今の桐生市へ何を伝えたいかを聞いた。

「あなたたちはなぜ公務員になったのかと言いたい。市民に奉仕するためではなかったのでしょうか。時には人の生殺与奪の権を握ることもある仕事だということを強く自覚してほしい」

続いていた満額不支給

「分割したうえに満額を支給しない事例がまだありました。民間団体が介在しています」

二〇二四年五月下旬に反貧困ネットワークぐんま事務局の町田茂から、私に連絡があった。桐生市は荒木恵司市長が謝罪した二〇二三年一二月の段階で、分割支給はすべて解消済みと説明していた。なぜそうした話がまだ出てくるのか。私は訝《いぶか》しんだ。町田によると、二〇二四年一～三月、桐生市内の公営住宅を中心に情報提供を求めるチラシ約四〇〇〇枚を配布した後、当事者本人が連絡をしてきたという。

同年六月上旬、私は町田とともにこの人物の自宅を訪れ、約一時間半にわたって話を聞いた。

堀川英雄（仮名）は六〇代の男性で、独身。長年トラック運転手として働いたが、約一〇年前に糖尿病を患い、続けられなくなった。派遣社員やアルバイトの口を探してしのいだが、症状悪化でそれすらも難しくなった。堀川は「頼れる身内がいないし、知り合いにも迷惑をかけられない」と、二〇二〇年一一月に生活保護を申請した。直後に入院し、年末に退院。年が明けた二〇二一年一月、桐生市役所を訪れると、福祉課職員に個室へ案内された。そこには、初対面の男性がいた。男性は群馬県太田市のNPO法人「ほほえみの会」から来たと自己紹介した。

職員は堀川に「ほほえみの会と財産管理契約を結んでください」と勧めた。ゆうちょ銀行の口座を開設し、通帳、印鑑、キャッシュカードはほほえみの会が預かった。保護費は毎週火曜日、同会から一週間分の七〇〇〇円が振り込まれた。パート2の山本守男と同じく「一日一〇〇〇円」だった。入居している公営住宅の共益費と携帯電話料金は月に一回、別途支払われた。

山本のように保護費を受け取るために市役所へ日参する必要はなかったが、実質は大きく変わらない。それ以外に支出が必要な場合は福祉課の担当ケースワーカーに連絡して使途を伝え、認められれば振り込むとの説明だった。その結果、一カ月に受け取る額は四万円台前半で、月額保護費約七万二〇〇〇円の六割程度にとどまった。

堀川は疑問に感じながらも、市へ強く出ることはしなかった。「ほほえみの会に住まいの保証人になってもらったし、財産管理契約を断れば保護を打ち切られると思い、言えませんでしたね。役所が間違ったことをするとも考えなかったですし」と語る。

堀川は糖尿病を患っていることもあり、食は細い。それでも「一日一〇〇〇円では暮らせないですよ」と訴えた。一回当たりの食費は三〇〇円以内に収めるように工夫している。「子ども食堂で分けてもらったこともありましたね」

堀川の主張は事実か、ほほえみの会に取材した。書面で質問を送ると、同月九日に酒井晃洋理事からメールで回答があった。満額を渡さなかった理由について「個人を特定しなければ事情が分からず、回答できません」とした。そのうえで、一般的な運用として「本人に渡す一日当たりの金額は、住宅の保証人を引き受けているかなどの事情も関係します。連帯保証人の場合、退去時に住宅をクリーニングして返還する必要があり、その費用捻出も考慮に入れなければなりません」との見解だった。

桐生市は一連の問題が明らかになった後の二〇二三年一二月、分割支給は解消したと説明していた。福祉課長の小山貴之は「受給者から指定された本人名義の口座に全額振り込んでいます。金銭管理は同会と受給者の契約であり、管理方法に市は関与していません」と答えた。

これに対し、堀川は「契約時にケースワーカーが立ち会っています。最近は通院などの支出がかさみ、市を通して月一回の振込額を増額してほしいと要請しました。市が知らないはずはないです」と反論した。

私の取材後まもなく、堀川はほほえみの会との契約を解除した。堀川以外の金銭管理契約者でも、同会が解約に応じるようになったという。私は再度、同会の酒井になぜ桐生市から金銭管理契約を請け負ったのかメールで質問を送ったが、返答はなかった。

刑事告発

新聞記者に転勤は常である。私は二〇二四年九月一日付で東京本社出版部への異動が内示され、群馬県での二年二カ月間の勤務を終えることになった。お世話になった取材先への挨拶、後任者への引き継ぎ資料の作成、転居の準備などを慌ただしく進めていた八月下旬、桐生市の問題に取り組んでいた関係者から私に一通のメールが届いた。

「桐生市福祉課の職員が印鑑を無断押印した件ですが、刑事告発を検討しています」

一連の問題が表面化してまもない二〇二三年一二月、私が取材、執筆した記事に関するものだった。同月二三日付東京新聞朝刊社会面に掲載した記事を引用する。

生活保護受給者から一九四四本もの印鑑を預かっていたことが発覚した群馬県桐生市で、市職員が六十代外国籍女性の書類に同姓の他人の印鑑を無断で押印していたことが分かった。女性は昨年一月に日本人の夫が病死後、同居親族から暴力や嫌がらせを受け、知的障害がある四十代長男とともに桐生市内のアパートへ避難し、生活保護を申請。保護決定後の先月二十七日に女性が受け取った書類に印鑑が押されていた。

女性は「印鑑は押しておらず、預けてもいない」と指摘したが、福祉課の担当者は「預かった印鑑を押した」と主張した。しかし、認め印のスタンプ型印鑑はスタンプが摩耗し、姓の印影を判別できない状態で、女性は「押された印鑑が自分のものではないことは明白だった」と話す。

市は二十日、女性に無断押印と虚偽の説明を謝罪した。小山貴之福祉課長は本紙の取材に、担当者が当初、事実と異なる説明をした理由を「押印で不適切な取り扱いをしたので、指摘を受けて気が動転してしまったようだ」とした。

女性を支援する上村昌平弁護士は、桐生市の対応を「現場で勝手な運用をして、必要な人へ迅速に保護を実施するという法の趣旨が実現できなくなっている」と批判した。

私は記事が掲載される数日前、記事に書いた三鷹和子（仮名）の自宅で取材をしていた。市街地にあるアパートで、古い建物だが共用部分の清掃が行き届き、管理はしっかりしている印象を受けた。立地条件はいいが家賃が格安なため、一人暮らしの高齢者が多いという。医療機関が至近なことも利点なのだろう。にこやかに部屋へ迎え入れてくれた。室内は整理整頓され、彼女の几帳面さを感じた。

三鷹は一九七七年に来日し、興行ビザを取得して群馬県草津町の草津温泉でダンサーとして働いた。その後、桐生市に転居して飲食店に勤め、客として知り合った日本人男性と七九年に結婚し、長男を授かる。

夫は建設関係の会社員で、転勤によって関東地方各地で暮らし、定年退職を機に郷里の桐生へ戻っていた。穏やかな後半生を過ごしていた女性の身辺は、二〇二二年一月に夫が病死したことで急変する。

この頃、三鷹は夫の弟とその妻と同居していたが、夫の死後、義妹に当たる弟の妻から暴力や嫌がらせ、いわゆるDVが始まった。三鷹と長男の部屋からトイレへの廊下に鍵付きドアを設置され、使えなくされてしまった。部屋のカーテンが外され、直射日光は容赦なく入ってきた。義弟にあたる夫の弟はそれを止めることなく、黙認状態だったという。三鷹は警察にも相談したが「家庭内の問題」と、対応してもらえなかった。長男は重い知的障害があり、生活環境の激変から一時は入院するほど精神的に不安定となった。

そのような状態が一年以上続き、三鷹はこれ以上は耐えられないと「脱出」を決意する。二〇二三年五月、親しい友人の助けを受け、最低限の身の回り品だけを持ち出して市内でアパートを借りた。

義妹の暴力からは脱したものの、女性は足が悪く、就労可能な健康状態ではなかった。長男は重度の知的障害で、日常的な介助が欠かせない。友人からの金銭援助はあったが、他に収入は月額約二万円の国民年金だけで、このままでは生活できなかった。

三鷹は同年八月に桐生市へ生活保護の申請を相談するが「旧宅に荷物が残ったままでは申請できない」と拒まれた。親族からのDVから逃げたのだから、荷物を取りには戻れない。三鷹が上村弁護士に相談し、九月二六日に保護を申請したが、決定まで約一カ月を要した。特別に理由がない限り、一四日以内に保護の可否を決めるのが生活保護法の規定だ。

一一月二六日に上村や仲道、三鷹本人が市に対し、なぜ支給決定が遅れたのか理由の確認を求めると、市は彼女の姓が押印された保護費の受領書を提示した。三鷹は「私は押していない」と否定したが、市は同月一七日に押印したと主張。結局、前述した記事の通り、虚偽の説明だったことがまもなく分かる。

告発対象は、三鷹の保護申請に応対したケースワーカーと指導員の二人で、告発先は群馬県警だという。三鷹は実印とスタンプ印の印鑑を持っていたが、二本とも市へ預けていない。スタンプ印を見せてもらった。記事に書いた通り、長年の使用でゴムが劣化し、押しても赤く円形が出るだけで、印影は判別不能な状態だった。彼女が押印したと市が主張した保護費の受領書には、彼女の姓が鮮明に写っていた。市職員が三鷹と同姓の他人の印鑑を押印した可能性がきわめて高かった。

三鷹の長男も市福祉課の支援を受け、桐生市内の施設で軽作業に勤しんでいる。生活保護、障害者福祉とも同課の所掌だが、係が分かれるため担当者も異なる。三鷹は「息子を担当してくれた人はすごく親身になってくれて、とてもありがたいです」と話す。それだけに、自らの生活保護で受けた対応には「外国人だから、雑に扱われたのでしょうかという気持ちはあります」と、残念がった。

生活保護法は第一条で保護の対象を「生活に困窮するすべての国民」と定め、外国人は対象に含まれず、それを肯定する最高裁判例もある。ただ、一九五四年に出された厚生省社会局長通知で、永住者や配偶者が日本人である場合など、一定要件を満たす場合は行政の裁量による保護の実施を認めている。国民としての権利ではなく、あくまでも人道的な見地から実施するとの法的整理だ。権利ではなく恩恵の側面が強いため、生活保護利用者に対する偏見がより強く向けられやすい。本書で三鷹の国籍を書かなかった理由の一つは、プライバシー保護に加えてそれを避けるためでもある。

私は現在の職場に着任してまもない二〇二四年九月中旬、三鷹に電話をかけ、告発という重い決断に踏み切った理由を聞いた。少し間を置いて「やっぱり、自分と同じ目にあう人がこれ以上出てほしくないですから」。どうしてこうなったのかをきちんと調べてほしい」。穏やかな口調で、きっぱり言い切った。その後の暮らしぶりを尋ねると、生活保護を受けていることで経済的には落ち着いたが、自宅を出る原因となった親族との関係は修復せず、膠着状態が続いているという。高度なプライバシーに属する問題のため、本書で詳細に記すことは控えたい。ただ、三鷹の話を聞く限りでは、先方の態度は頑なで、解決は容易ではないように感じた。

それでも、電話口の三鷹は明るく振る舞っていた。電話の数日前、誕生日を迎えた。女性の祖国では、誕生日は一大イベントで、親族や友人たちで大々的に祝う。今年はささやかに祝いの席を設けることができたのだという。私が祝意を伝えると「嬉しいです」と、声を弾ませていたのが強く印象に残った。

三鷹はもう一つの朗報を聞かせてくれた。初めて取材に訪れた時にはエアコンが未設置だったが、その後に設置が叶ったという。生活保護では家電製品を購入する際の助成制度があり、保護開始時に所有しておらず、高齢者など高リスクといった要件を満たせばエアコンも対象になる。三鷹はそれを利用できたのだ。

「桐生の夏は暑いですからね。ほっとしました」

声は弾んでいた。ようやく、憲法二五条が保障する「健康で文化的な最低限度の生活」を取り戻したようだった。

告発状は二〇二五年一月二八日、桐生署が受理した。今後は同署が、提出された証拠の精査や関係者への事情聴取など必要な捜査を進めて、その結果を前橋地検に送付し、同地検が起訴の可否を判断することになる。

Part 16

メディアと議会の責任

小松田健一

生活保護制度は常に強い偏見や誤解にさらされてきた。それがより顕著となったのは、二〇一二年にある人気お笑い芸人の母親が、生活保護を受けていることがネットで伝えられ、この芸人や母親にバッシングが集中したことだろう。この時は自民党国会議員がその尻馬に乗ったことで拍車がかかった。有力メディアはバッシングを批判したものの、流れを変えるには至らなかった。

メディアの責任

生活保護制度に向けられる世論の厳しい目は、この時期の東京新聞の読者投稿欄にも例があった。二〇一三年一月二二日に掲載された、東京都内在住の七五歳（掲載時）女性の投稿だ。社員が利用できる自社記事のデータベースで、生活保護に関連する記事を検索したところ、偶然見つけた。あえて全文を引用する。

生活保護支給額が働いている人たちより多い金額とは、どう考えてもおかしいし、驚くばかりだ。石川啄木の短歌「はたらけどはたらけど猶《なお》わが生活《くらし》楽にならざりぢっと手を見る」。多くの人の現実はこんなものではないだろうか。それでも頑張って働いている。

しかも将来の自分の年金のために納めているし、収入は少なくても税金はしっかり納めている。何もしないで食べていけるなら、一番ありがたい。生活保護受給者は医療費の扶助を受けるため自己負担しなくていいし、家賃の補助もある。

なぜそこまで厚遇するのか、選挙のためのものなのかとも思う。安い給料で必死に生きている人もいることを考慮して、保護費支給引き下げを早急に実現してもらいたい。

内容が誤解と偏見に満ちていた。多様な意見を紹介することも必要だし、一読者の私見にすぎないとはいえ、明らかな事実誤認をそのまま掲載していることに驚いた。

「生活保護支給額が働いている人たちより多い金額」という認識がきわめて不正確だ。生活保護制度は所有資産を処分するなど最大限に活用して生活費に充てることが前提で、それでも収入が国の定める最低生活費に達しない場合、生活保護を受けることができる。自動車は原則として所有が認められず、貴金属類は売却しなければならない。就労能力があれば働くことを求められる。生活保護法の規定で、福祉事務所の指導・指示に従わなければ保護が廃止・停止される場合もある。「何もしないで食べていける」わけではない。

支給額とて、決して高額ではない。保護費は家賃や物価を勘案した「級地制度」と呼ばれる六つの地域区分で市町村ごとに決まっている。桐生市は上から三番目の「2級地−1」。保護費の中核である生活扶助費は年齢によって多少の差があるものの、単身者世帯の場合は約七万一〇〇〇円だ。この中から食費や光熱費、衣料用品費などをまかなわなければいけない。

この投書からまもなく「保護費支給額引き下げ」が現実のものとなった。政府は物価下落を主な理由に、二〇一三〜一五年にかけて段階的に保護基準額を最大で一〇％切り下げた。利用者から「暮らしていけない」との声が相次いだ。各地で処分取り消し訴訟が起き、国の敗訴が相次いでいる。

桐生市の事件に話を戻す。「一日一〇〇〇円」が表面化した当初、地元メディアは相応に報じていた。私が今回の取材で出会った個々の記者の多くは熱意を持って取材に取り組んでいた。私は彼らに対し、社会の理不尽には会社の枠組みを越えて当たるという同志意識も感じていた。

だが、その後の報道にはかなりの温度差があった。

これはあくまで一般論だが、メディアが一連の問題に十分取り組んだとまでは言えない背景には、地方での取材力低下も少なからぬ影響があるように思う。新聞社は発行部数の減少に歯止めがかからず、地方を中心に取材拠点を縮小しているからだ。一例を挙げれば、私が所属する東京新聞は二〇二〇年三月に桐生市の通信部（記者一人が勤務する拠点を同紙はこう呼ぶ）を閉鎖した。結果的に、取材は前橋市の前橋支局から車の移動だけで往復二時間強を要することとなった。もちろん、人数がいればいいということではないが、どうしても目が行き届かなくなるのは事実だ。

それでも、現実に被害に苦しむ人々にとっては、それは業界内の事情にすぎない。前出の川田が語っていたことが、脳裏をよぎった。「皆さんは恵まれた境遇にあるから、私たちの境遇に思いが至らないのかもしれませんね」

市議会の「無関心」

桐生市がなぜ、長年にわたり違法、不適切な生活保護制度の運用を続けることができたのか。メディアの監視機能欠如と同時に、市議会の責任を無視することはできない。基本的人権の擁護には思想の左右、党派性は関係がない。桐生市議会のホームページには議事録の検索システムがあり、公開している二〇〇三年三月以降、直近の二四年六月定例会までに「生活保護」でキーワード検索をかけると一〇四四件がヒットした。多くは予算案の説明など事務的なものだったが、本会議や常任委員会の質問で取り上げられることがあった。その中で、非常に興味深いやり取りがあった。二〇一五年九月二日の決算特別委員会で、質問者は日本共産党の渡辺ひとし、答弁者は福祉課長の職にあった助川直樹。助川は「一日一〇〇〇円」の時の保健福祉部長である。以下、概略を示す。

渡辺　生活保護の申請に行きますと、非常に厳しい対応をされるという市民の方からの相談が多くあるわけです。一回行っても申請を受け付けてくれない、いろいろと言われて追い返されてしまうということが非常に多く相談を受けるわけです。こういったことに対して、国のほうにも我々のほうで問い合わせてみましても、そういったそもそも申請を受け付けないということはちょっとよろしくないよという回答をいただいたわけなのですけれども、そういった実態は把握しているのでしょうか。

助川　いわゆる一般的に言う水際云々という部分でのお尋ねかというふうに解釈しております。桐生市におきましては、基本的に生活保護法の趣旨に準拠したうえで、申請事務、受け付け等を行っておりますので、特段水際等を行っているというふうには思っておりません。

この質疑は、二〇一五年九月二日という日付が大きな意味を持つ。パート4で紹介した黒田正美の父、杉本賢三が桐生市福祉課の激烈な水際作戦に苦しめられていた時期だからだ。その同じ時期に、生活保護事務の責任者である福祉課長が、水際作戦を否定していた。しかし、現実には心臓疾患で生命の危機に瀕していた杉本と黒田に対し、申請をなかなか受け付けず、ようやく保護を開始しても半ば追い出すような形で杉本を前橋市の施設へ入れさせ、保護を廃止していたのだ。

助川はさらに、こう続けた。

なぜ困窮をしているのかというような状況を詳しく確認させていただいております。その中で、いわゆる他法であったり、自分の持っている資産等を使ってまだまだ対応ができるという方に関しましては、その辺の提案をさせていただいて、ご本人してみたら困窮しているということで言ってこられる方もいますが、よくお話を聞くとそこに原因があり、その原因を取り除けば生活は生活保護にならずでもできるのではないかというようなケースもございます（中略）。保護は生活に困窮する者がその利用し得る資産、いわゆる資産というのは自分が例えば働けるですとか、あるいは使えるもの、売ってお金を得ることができるようなものの等がある場合には、そのものを使ったりとか、あるいは先ほど言った能力、こういったものをあらゆるものを使った上で、最低限度の生活を維持するために利用することを要件として行われるというふうなことがございます。この辺のところを我々のほうは確認させていただいて、その上でまだまだ余力があるという言い方失礼ですけれども、頑張れるのではないかという方については、別途の提案をさせていただいているという状況でございます。

助川の答弁は少しまだるっこしいが、生活保護の基本的原理の一つである「補足性の原理」に触れたものだ。所有資産や就労能力を最大限に活用し、それでも最低生活費に届かない場合に保護の対象とする考え方である。助川の言葉は丁寧だが、同原理にきわめて忠実な運用を行なうことで、生活保護を抑制しようとの意思がにじみ出ている。黒田も初めて福祉課の窓口を訪れた際、杉本には処分できる資産、就労能力ともにないことを訴えたが、まったく受け入れられなかった。

黒田にこのことを伝えた。「私は何度も窓口で追い返されました。一市民では太刀打ちできないから、仲道さんに同行してもらったら、後で職員に『なんであの人を連れてきたんだ！』と怒鳴られました。昨日のことのように覚えています。どうしてそんなウソを……」という答えが返ってきた。

問題は、こうした桐生市が抱える生活保護の問題を市議会で批判的に追及するのが、ほぼ日本共産党の議員のみに限られていたことである。市議会の多数を占める保守系議員は黙殺を続けたと言っても過言ではない。

地方自治体は首長、議員ともに有権者の直接選挙で選ぶ「二元代表制」を採用している。執行者である首長は予算や条例を議会に提出し、議会がそれらを議決することで政策の実行が可能となる。議会は首長を不信任できる一方で、首長はそれに議会解散で対抗する手段が与えられている。両者が相互牽制に近い関係を保つことで緊張感が生まれ、健全な行政運営を可能とするのが理想形である。国会議員の多数から指名を受けた首相が内閣を組織し、国会に責任を負う議院内閣制の国政とは異なり、建前のうえでは与野党関係は存在しない。

実際には、首長に近い議員とそうではない議員で疑似的な与野党関係が生まれている議会が大半となっている。桐生市議会の場合、本書執筆時点で定数二二人のうち少なくとも一七人は親市長的会派に属している。しかし、生活困窮者への支援や救済に、保守・革新、あるいは右派・左派といった党派性は関係ないはずだ。ましてや、県からも違法性や不適切さを指摘された事案に対し、市議会の追及はあまりにも微温的だった。

二〇二四年一一月上旬に無会派議員の一人、飯島英規に電話で話を聞いた。旧社会党出身の飯島は、現在通算で六期目、現職の荒木を含め四人の市長と向き合ってきたベテランだ。仲道とは司法書士試験の合格が同期で、その熱心な活動ぶりをよく知る一人でもある。

飯島は「『一日一〇〇〇円』には、人権侵害が行なわれたことに大変な衝撃を受けましたよ。生活保護行政は全国一律でなければならないのに、なぜ市レベルでこんなことができるのかと」と振り返る。他方で、市議会の監視が甘かったことには、率直な反省を口にした。市議会で追及してきたのは、ほぼ共産党議員である。

「だから、議会で質問が出ても『ああ、またやっているな』というのが大多数の受け止めでした。その点は、私も忸怩たる思いがあります」

そして、こう続けた。「(生活保護を)受け取る側に問題があると考えている議員が多いのも事実です。議長は『第三者委員会が立ち上がっているから、その様子を見守る』という立場。しかし、それでいいのでしょうか」

桐生市の1カ月平均の生活保護申請件数

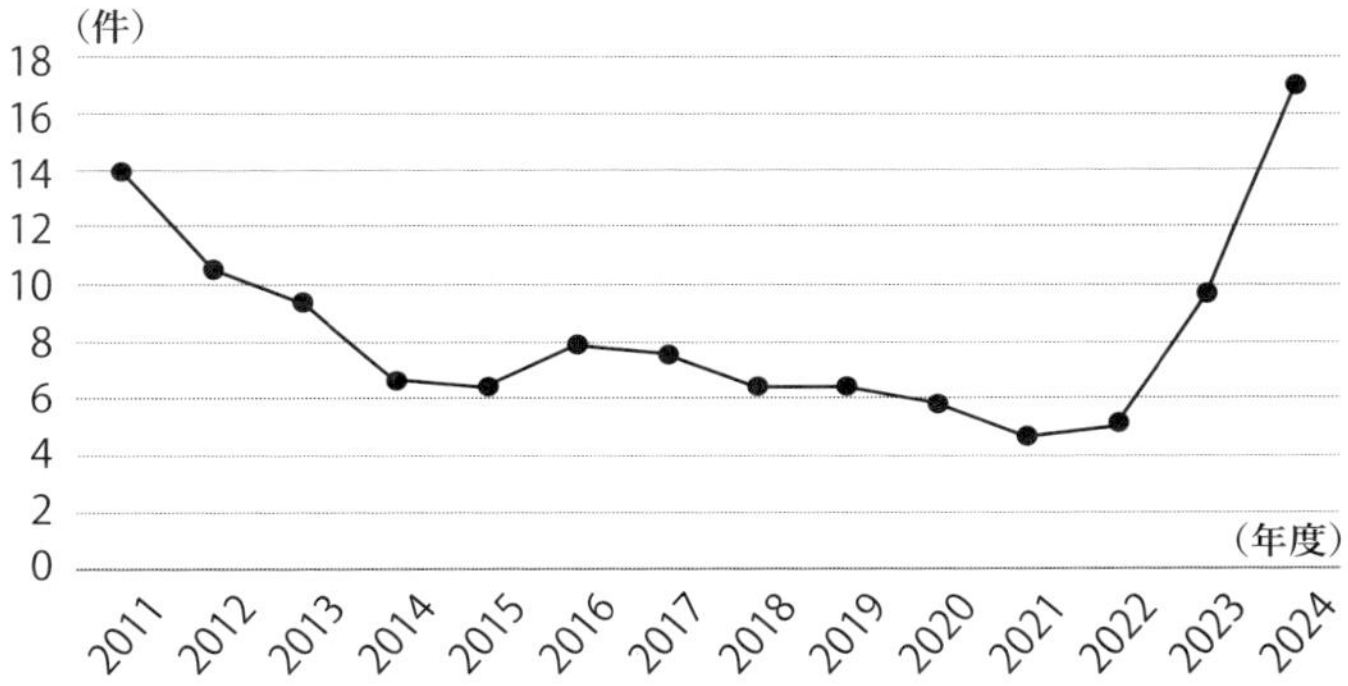

渡辺ひとし市議調べ。2024年度は同年10月末時点

「水際作戦」の可視化

二〇二四年一二月一九日、渡辺ひとし市議（日本共産党）は市議会一般質問に立ち、市の生活保護申請について、一カ月平均件数の推移を提示した。窓口での「水際作戦」を、データで可視化しようとの試みだ。

記録を確認できる二〇一〇年度以降、申請件数は低水準が続く。保護者数が大きく減少しはじめる二〇一一年度以降、グラフは鍋底のような状態を示す。急上昇へ転じる大きな動きがあったのは二〇二三年度だった。言うまでもなく「一日一〇〇〇円」などの違法、不適切事案が次々と表面化した時だ。渡辺によると、申請件数が急増するのは二〇二四年一月以降だという。複数の生活保護利用者が話していた、福祉課窓口での対応が劇的に改善したとの証言とも合致する。

ここからは、水際作戦が長期間実行されていたことを強く推認できる。渡辺も一般質問でこの点を問うた。答弁に立った宮地敏郎・保健福祉部長は窓口業務の改善が申請件数増につながったとの見解を示した一方、水際作戦については「申請をさせるなという指示をしたことはない」、と認めなかった。一方で「他の施策を優先させるようにという方向性はあった」とも答弁している。

質問から一週間後の同月二六日、私は桐生市役所に渡辺を訪ねて、話を聞いた。渡辺は市の答弁に強い不満を示した。「改善したのだからもういいでしょう、みたいになっている。問題へ正面に向き合わず、逃げようとしているように思えます。なぜこのようなことが続いてきたのかをきちんと総括しなければ、ほとぼりが冷めた頃に同じ過ちを繰り返すことになりますよ」と、語気を強めた。

この問題をめぐって、桐生市議会で不可解な状態も継続している。二〇二四年二月、共産党に近い市民グループ「桐生地区国民大運動実行委員会」が請願を提出し、渡辺らが紹介議員になった。請願内容は三点。憲法二五条にもとづいて困っている人に寄り添って生活保護行政に当たること、生活保護の利用は国民の権利であることを広く知らせること、群馬県が発行している「生活保護のしおり」を市広報へ掲載することという、ごく一般的な内容だ。しかし、三、六、九、一二月の各定例会では、いずれも「慎重審査が必要」との理由から継続審査となり、事実上「吊るし」の状態だ。

桐生市役所庁舎は老朽化が進み、約一〇一億六〇〇〇万円を投じて旧庁舎の北側に建設を進めていた新庁舎が落成。二〇二五年一月六日に引っ越しを終え、業務を始めた。地上五階建てで、延べ床面積は約一万二三〇〇平方メートル。桐生の基幹産業だった織物に不可欠な道具の「糸巻」をイメージした六角形の建物で、内部は四階まで吹き抜けと開放感を得られる構造になっている。内装には地場産業振興を意識し、市内産木材や織物生地を使用した。

一階ロビーには、他の各種チラシと並んで、群馬県が作成した申請希望者向け資料「生活保護のしおり」や、申請用紙が常備された。正面玄関に設置されたデジタルサイネージ画面では、一般的な行政情報に加えて、生活保護が権利であることを明示した映像が周期的に流れていた。現在の利用者からは「ケースワーカーの接し方が格段に丁寧になった」「申請段階できちんと話に耳を傾けてくれた」といった声が複数聞かれるようになった。目に見える形で、改善は進んでいるように思えた。それはひとえに、かつて自分が受けた理不尽な仕打ちに対し、勇気を出して声を上げた人々や、仲道のように献身的に市と交渉し、国、県へ働きかけた多数の専門家、支援団体関係者の努力のたまものである。

市民接遇窓口は一階に集約され、基本的にはオープンカウンターだ。福祉課の生活保護相談カウンターだけは背中にパーティションが置かれ、来訪者の姿をある程度見えにくくしているが、プライバシー保護が十分とは言いがたい。開放感が裏目に出ているように思った。地元メディア関係者は「設計段階で配慮が必要だったと思う」と指摘する。

いずれにしても「新しい器」にふさわしい、血が通った福祉、生活保護行政が行なわれることを切に願っている。荒木市長が謝罪会見で明言した「生活保護行政を生まれ変わらせる」を、空手形にしないためにも。生存権保障を規定した日本国憲法二五条一項と、同条を根拠に制定された生活保護法の原理・原則を記した冒頭三条を記し、筆を置く。

日本国憲法
第二五条① すべて国民は、健康で文化的な最低限度の生活を営む権利を有する。

生活保護法
第一条 この法律は、日本国憲法第二十五条に規定する理念に基き、国が生活に困窮するすべての国民に対し、その困窮の程度に応じ、必要な保護を行い、その最低限度の生活を保障するとともに、その自立を助長することを目的とする。
第二条 すべて国民は、この法律の定める要件を満たす限り、この法律による保護(以下「保護」という。)を、無差別平等に受けることができる。
第三条 この法律により保障される最低限度の生活は、健康で文化的な生活水準を維持することができるものでなければならない。

本書を執筆するにあたり、立命館大学の桜井啓太准教授をはじめ、生活保護に関する諸問題に取り組む数多くの方々や、東京新聞前橋支局で筆者を支えてくれた同僚の皆さんからご助言、ご協力をいただきました。そして何より、勇気を出してつらい経験を語ってくださった皆さんの証言によって、埋もれていた事実を明らかにすることができました。この場を借りてあつくお礼を申し上げます。

Part 17

事件が問いかけたもの

小林美穂子

あちこちでイルミネーションが瞬き、クリスマスソングが流れる季節になった。

桐生市の第三者委員会は二〇二四年度をもって終了することが、一一月二七日の第三者委員会（六回目）で発表されていた。年明けには報告書の作成が始まるという。

「あの内容で、どうやって報告書をまとめるつもりなんでしょうね？」

第三者委員会終了後に新聞記者と交わした会話だ。

「第三者」と呼ぶには苦しいメンバーを含め、第三者委員会の委員たちはそれなりにベストを尽くしたのだと思う。だけど……と、思わずにはいられない。

いまだ明かされない「保護率半減」の理由

本来は完全に独立した機関でなければいけない第三者委員会であるのに、最初から全部、桐生市が決めていた。まず、第三者委員会設置に先んじて、副市長が仕切る内部調査チームが設置された。小松田記者が詳しく触れているが、批判が集中した委員の人選も押し切った。記者や傍聴人の行動を厳しく制限する要綱が設置され、記者が議事を録音することもパソコンを使用することも禁じられた。

桐生市福祉課の問題は、他自治体のようなワンイシューではなく、あまりに多岐にわたり、しかもその一つ一つが看過できないほどに深刻かつ重大な問題であるため、調査項目を絞るのが難しい。市が誠実に答えればスイスイと効率的に調査と追及は進んだのだろうが、残念ながらそうはならなかった。しかも内容はきわめて専門性が高いために、制度をより熟知する側がイニシアティブを握るようになる。二回目から毎回傍聴していた身としては、何もかもが桐生市の敷いたレールの上を走らされていると感じて、無力感に襲われることも少なくなかった。

第三者委員会や全国調査団の調査によって、身も蓋もないようなさまざまなデータが次々と明らかにされた。被害を受けた証言者たちも重い口を開きはじめた。桐生市の異様な対応を裏づけるデータが山と積み上がっていく。それなのに信じがたいことだが、一年が経過した今も私たちは核心には近づけないでいる。数々のデータや証言からごまかしようもないほどに浮かび上がってきたものを、桐生市が依然認めないからだ。

なぜ、桐生市の保護率が過去一〇年間で半減したのか、という根っこの問題。明らかになった違法・不適切行為の数々が、誰かの指示によって始まったのか、それとも組織全体の総意だったのか。
荒木市長は「本市の生活保護行政を生まれ変わらせる」と言ったけれど、腐敗した根っこをそのままにして、木は育つのだろうか。せっせと水やりをしたり、先っちょの枝葉を磨いて誤魔化したりしてみたところで、再生なんてありうるのだろうか。

二〇二四年九月一八日に放送されたＮＨＫの「クローズアップ現代」では、桐生市の生活保護行政が取り上げられた。しかし、番組中、保護費を満額支給していなかった桐生市の違法性に触れたのはゲストの桜井啓太氏のみで、番組内では市の対応について「不適切」という表現で統一されていた。この放送の三カ月前に群馬県から、保護費の満額不支給が生活保護法違反であることを明言されているにもかかわらず、である。

桐生市自身が初めてその違法性を認めたのは、「クローズアップ現代」が放送された二日後、九月二〇日の市議会でのことである。誰の目から見ても明らかな違法行為を、監督責任のある県から指摘されてもなお、三カ月もすっとぼけて逃げつづけ、全国放送をやりすごし、放送終了後に白状するその計算高さ。桐生市の不誠実さが如実に表れているではないか。

現に、一年が経過しても、第三者委員会でいかに追及をしても、過去一〇年間の半減理由は曖昧模糊としていて、いまだ藪の中、過去に起きた不可解な事件であるかのように葬られようとしている。腐った根を放置したまま。

桐生市福祉課のパンドラの箱は、一度開けると数え切れないほどの違法・不適切行為が噴き出すが如きで、威嚇や怒声を浴びせるなどの暴力的なものから、境界層該当措置の悪用のように悪知恵の結晶のようなものまでバラエティ豊富すぎて、そのことが検証を難しくしているのは確かだ。

シャレにならないほどに悪質な違法・不適切行為は、犯罪レベルのものも含まれているためか、桐生市はこの一年間、県や国から指摘されたものだけは認めつつ、それ以外についてはことごとく誤魔化してきた。当然、追及する側も数々のデータを入手して桐生市のベールを引き剝がしていくことになる。市が最初から真摯に問題に向き合っていれば、ここまで恥をさらさないで済んだはずだ。

桐生市の生活保護運用の漆黒の闇は、すっかり日本全国に知られ、各地の自治体ケースワーカーたちは、まるで渡良瀬川で生きたシーラカンス発見のニュースでも見たかのように驚いて、「桐生は論外」と口を揃えた。同じ組織で働く者としての複雑な気持ちもわずかに交えながら、それでも法令順守が基本の公務員として、そして福祉職に就く者として、桐生市と同等に語られるのは耐えがたいに違いない。

桐生、水際やめるってよ

群馬県は桐生市に対し、二〇二四年六月一九日付で特別監査の実施結果を通知し、是正改善を求め、それに対して桐生市は期限である八月三〇日に県に是正改善措置状況を送った。県の指摘内容はあまりに当たり前すぎて、指摘するほうも情けなかったのではないかと同情するほどだが、桐生市が提出した是正改善措置状況も「保護費は月内に満額支給します」「勝手に人のハンコを押印しません」とか、第三者に扶養届を記入させていた点も「扶養義務者本人に記載してもらうことにします」とか、もう当たり前すぎる改善措置状況が一三ページにわたって資料とともにウェブサイトにもアップされている。

当たり前のことがようやくなされるようになったのは喜ぶべきことだが、ならばこれまでどうしてできなかったのかの説明がされるべきだろう。

二〇二四年一一月二七日に行なわれた六回目の第三者委員会では、桐生市の職員が九年ぶりに外部の研修に参加したことや、厚生労働省主催の新任査察指導員研修会に桐生市としては初めて参加したことが報告された。桐生市が、ようやくガラパゴス化からの脱却を図って市の外に出た。このことは、これまで桐生市の福祉課という小さな世界しか見てこなかった職員たちにとっても良い効果をもたらすことは間違いない。

また、二〇二四年四〜一〇月の間に生活保護が開始となった世帯が、前年度の同時期に比べて八〇世帯も増えたことが、市議会答弁で明らかになった。これまでガンガン減らしてきた保護開始数が、問題発覚後にこれほどまでの増加に転じているのは、窓口が正常に機能するようになったからと考えてよいだろう。それは、言いかえれば、それまで一〇年あまりは意図的に水際作戦を行なっていたことの証左である。市はいまだ認めていないが。

表面的には改善したかのように見える。問題はもう過去のことなのだと。しかし、本当にそうだろうか。

桐生市を相手取った国家賠償請求裁判で、市は相変わらず、月内に保護費を満額支給せずに過度に分割支給していたことや、ハローワークへの日参を条件にしていたことなどを「同意のもと」「条件にはしていない」と主張してはばからない。もちろん、同意書などの記録もない。記録がないことを理由にしらばっくれる。公務員が記録をしない・残さないことも問題なのに。

圧倒的な権力勾配がある中で、背に腹は代えられない状態にある相手に無茶で屈辱的な条件を押しつけておきながら、それを「同意」であったと言い放ち、自分たちの正当性を主張する姿に反省の色は見られない。これでは、第三者委員会の追及が終わった後は、元に戻ってしまうのではないかという懸念が残りつづける。

国や自治体の責任

二〇一二年、芸人の親の生活保護利用に端を発した生活保護バッシングは、一部の政治家に最大限に利用され、片山さつき氏や世耕弘成氏などがバッシングの火に盛んに油を注いだ。テレビなどのマスメディアもそれに乗っかった結果、日本中に生活保護バッシングの嵐が吹き荒れた。あの当時、私は生活困窮者の支援団体に所属していたのだが、「怖くて外に出られない」「最近生活保護を利用しはじめたが、辞退しようと思う」など、取り乱した利用者からの相談が相次いだ。

芸人の母親の生活保護利用は不正受給などではないのに、専門家や法律家の声はかき消された。自由民主党は人々の憎悪を利用して政権公約に「生活保護基準一〇%引き下げ」を掲げ、政権奪還を果たした。

「働かざるもの食うべからず」という言葉があるように、自己責任の価値観が根づいた国で、生活保護のスティグマは人々の心に深く刻みこまれてしまった。

尊敬する自治体職員がかつて「制度は必要とするからつくられ、使われなければ意味がない」と公の場で発言されたことがあり、心が震えたものだ。しかし、残念ながら日本で生活保護制度はあるのに使いにくいものになっている。苦しむ人が助けを求める、その口を見えない無数の手がふさぐ。国は必要な人が制度を受けられない「漏給」よりも、必要でない人が制度の乱用をする「濫給」防止に重点を置き、「生活保護の申請は権利」とウェブサイトに掲載しているわりに生活保護の捕捉率は遅々として上がらない。

群馬県は都市部と比べたらスティグマが強い地域だ。個人の困窮はそのまま「家」の恥となりやすい。過去に捨て去られたはずの家父長制やイエ制度がゾンビのように生き永らえる地域では、個としての権利はなかなか行使しづらい現実がある。

また、群馬県は公共の交通機関が乏しい。車は一人一台が当たり前で、車がないと買い物や通院ができず、仕事にも行けない。生活が成り立たなくなる。

桐生市に限ったことではなく、地方では生活困窮して家を手放し、車で生活をする人が、道の駅の駐車場などで夜を過ごす。

桐生市では市営住宅に入居する際の「身元引受人」も大きなハードルになっている。

国土交通省は、二〇一八年、二〇年と二度の通知等で、公営住宅の事業主体（自治体）は、保証人の確保を公営住宅への入居時に前提とすべきでないとの立場を自治体に示してきたが、地域によっては、いまだ連帯保証人を要件にしたり、あるいは桐生市のように保証人を廃止する代わりに保証人と同等の負担を担う「身元引受人」を単身者の入居条件としたりしている。身寄りのない単身者は身元引受人になってもらうために金銭管理団体「ほほえみの会」や「一般社団法人日本福祉サポート」のサービスを使わざるをえず、生活保護であるにもかかわらず数十万の額を預けることになる。最低限の生活扶助の中からその費用を捻出させるため、無茶で強引な金銭管理がされる。

第三者委の意地、証言する市民

「お父さんの社会性のなさから生活保護になったんだよ」

「ウソつきは病気じゃないか」

「税金で飯食ってる自覚あるのか」

「一日八〇〇円で暮らした人もいるから見習って」

「毎日窓口で分割支給したのは、ひきこもり予防のため」

桐生市が相談者や利用者に投げつけた暴言や、自らの人権侵害を正当化するために語られる言葉の数々は、どれも市民の人格を否定し、その尊厳を著しく踏みにじるものである。

しかし桐生市は過去の行ないを認めていない。このまま第三者委員会による検証が終了すれば、人々の被害はなかったことにされてしまう。こんなことが許されていいのだろうか。歯ぎしりをするような気持ちで私は焦っていた。取材に答えてくれた人たちの顔が、その被害の数々が頭に浮かんだ。申し訳なく、いたたまれなかった。そんな時である。

二〇二四年も暮れる一二月二七日、第三者委員会が外部からの情報提供を求めることが発表された。年明け一月六～二三日の期間、無記名で回答できる専用メールフォームを公開するというのだ。異例の試みである。

専用メールフォームの冒頭には、吉野晶委員長の名前で「桐生市の生活保護行政の業務遂行状況について、みなさまが、直接目にしたこと、居合わせた場で実際に聞いたことなど、ご自身の実際の経験を踏まえて、情報のご提供をお願いしたいと考えております」と書かれており、求めている情報は「又聞きの内容や、推測、感想」ではなく「事実」であることと強調している。報復を恐れて証言できない人たちが多くいることに配慮し、市の職員には絶対に見せないので、声を聞かせてほしいと協力を求めた。

またとない、そして最後のチャンスである。私は記事を拡散した。声を寄せてほしい。名前もメールアドレスも書かずに送れるのだ。プライバシーは守られる。これでも集まらなかったら、桐生市に過去の行為を認めさせることは、もう難しい。祈るような気持ちだった。

年が明け、二〇二五年一月二四日、七回目の第三者委員会が開かれた。その場で、外部アンケートに八三件、一一八事例の体験が寄せられたと発表された。その中には、市の職員からの情報提供もあったそうだ。

内容については個人情報に配慮した形で公表する必要があるため、その場で詳細は触れられなかったが、その内容はとても具体的で、誰にどんな言葉を投げかけられたかまで含めて書かれており、事実の提供であったと考えていると吉野委員長は感想を述べた。

桐生市に完膚なきまでに痛めつけられ、トラウマを抱える人は少なくない。そんな中で、多くの生活保護利用者の方々が恐怖を乗り越えてアンケートに答えてくれたこと、現場で見聞きした人たちがご自分の体験を寄せてくれたことに心から感謝したい。自分がされたことを無かったことにされたくない、あるいは改善しないといけないと感じた人々の声を、第三者委員会は無視できない。必ず拾い上げて報告書をまとめるはずだと私は信じる。

市民だけでなく公的機関の職員をも怒鳴っていた

この日の第三者委員会でとりわけ衝撃的だったのは、群馬県地域生活定着支援センターへのヒヤリング内容だった。

地域生活定着支援センターとは、高齢・障害等により自立が困難な刑務所出所者等を支援する公的機関である。このセンター職員二名にヒヤリングをすると、次の三事案の証言があった。

A. 刑務所出所後の高齢男性が自立準備ホームに入所したが、財産も収入もなく、医療対応を必要とするため、センター職員が支援して本人の希望のもと、入所前の住所地である桐生市に保護申請をした。男性は老人施設への入所が決まっていたが、福祉事務所からは自立準備ホームの入所期限である半年間は施設に移らずに自立準備ホームに入所しているように指示があった。これを受け、自立準備ホームでの支援を行なっている保護観察所（国家機関）から、桐生市福祉事務所に、保護決定後の速やかな老人施設への入所について協議をしたが、受け入れられなかった。このような市独自の判断を優先させる扱いは他の福祉事務所では見受けられない。

B. 釈放後の男性が桐生市に保護申請する際に、センター職員が同行。しかし、桐生市がセンター職員の同席を拒み、職員は群馬県に確認した結果、同席が認められた。

C. センター職員が、釈放後の男性の生活支援について、男性の親と関わりを持っていたことがある桐生市長寿支援課に相談をした。センター職員と長寿支援課の間で、男性の救護施設（生活保護法に基づく施設）入所についての話が出た。しかしその後、センター職員は桐生市福祉事務所の職員から、福祉事務所に断りなく救護施設入所の話を薦めたと苦情を怒鳴りつけられた。長寿支援課の職員との連携関係も阻害されることになった。

以上の三事案を引用しつつ、センター職員が業務を実施するにあたり、桐生市福祉課との機関連携が難しい実情があったと説明があった。センターの女性職員は、あまりに強く言われたために「もう桐生市には行きたくない」という状況にまで追い込まれたと、委員の一人が補足した。また、扶養義務者である親族が記入するべき扶養届を代筆した社会福祉施設の職員もヒヤリングに協力していた。その結果、扶養届の代筆が福祉課職員による指示であり、その指示に戸惑い、福祉課に問い合わせをしたところ、仕送り額を「不足分」と記入するよう指示されていたことが判明した。

職員六割「不適切なものがあった」

現職職員に対するアンケート結果も興味深い。

第三者委員会は二〇一〇年度から二〇二三年度までに生活保護業務に従事したことのある職員四三人（回答者数三九人）に対して、次の質問をしている。

【質問1】「厳しい指導をした管理職がいた」と（過去の職員ヒヤリングでの証言が）あったが、この発言について心当たりはありますか。

それに対し、四一％が「職員への厳しい指導があった」、三八％が「適切な指導の範囲だった」、二一％が「思い当たらない」と回答。厳しい指導があったという意見と、適切な指導だったとの見解が拮抗している。そして、厳しい指導があったと指摘する意見の中には、生活保護開始決定時の決裁慣行の重圧、ハラスメントまがいの上司の態度、保護開始とならない対応を推奨するかのような雰囲気などを具体的に記述した職員もいたと、第三者委員会の資料にまとめられていた。

「生活保護開始決定時の決裁慣行」とは何を意味しているのだろう。委員会終了後の記者質問の時間に、桐生タイムズの記者が質問をしたが、委員の回答は要領を得ないものだった。

【質問2】生活保護に関する福祉事務所の相談、指導、対応などに関し、今から振り返ってみると問題があったと思われる事項（自分、他の職員、管理職のいずれでも可）があれば、教えてください。

この質問に対し二三％が「思い当たらない」、一五％が「必要な範囲であった」、六二％が「不適切なものがあった」と回答している。

質問1のアンケート結果に対し、桐生市の総務部長は「上司と職員の関係性の問題」に左右されていると見解を述べた。

小竹裕人副委員長は、「不適切なものがあった」と六二％が回答したことを鑑みて、「当時としても厳しい指導とかが行なわれてた時というのは、もしかすると、その担当の方にとってはそれが当たり前だと思っていたのかもしれませんが、今の基準からすると、要はいろいろようやく表面化して『問題だよね』と。素にかえってみるとやっぱり問題だった、それが六二％、これがたぶんすべてなのかなというふうに思いました。ですので、担当された方々の中でも六割が問題とおっしゃっているということなので、これはもうそういうふうに受け止めるしかないなという印象です」と感想を述べた。

傍聴席にいた私は総務部長の見解にムカついていた。アンケートに答えた職員たちは保身も含め、誰もが怯えながらそれでも真面目に回答したのだと私は思う。それを「上司との関係性」で片づけてしまったら、この世のすべてのハラスメントは個人的な関係性の問題にすり替えることができてしまうではないか。

そして、「六割」についても、私はあまり喜べなかった。多くの報道をされ、批判をされて、その異常さが第三者委員会で検証されつづけて一年が経過した今に至っても、四割弱の職員は不適切だったと感じていないことに「ヤバすぎだろ」と思ってしまうからだ。

それでも、小竹副委員長が言ったように、完全にガラパゴス化した組織の中で、疑問を持ちはじめた人が六割いるのも事実だ。

桐生市問題、その根底にあるのは

市民の生活と命を守る生活保護制度が、なぜ桐生市では原形をとどめぬほどに歪められたか。法令順守が基本の公務員たちが、なぜ法の一線すら軽やかに飛び越えてしまったのか。

私は組織全体に、生活困窮者を厄介者としてまなざす差別意識があったのではないかと感じている。自分たちの職務も使命も盛大に勘違いしながら、生活困窮者を二級市民扱いし、厳しく管理、指導し、更生させるべき対象とはき違えていたのではないか。相手が自分と同じ人間であることすら忘れていなかったか。

二〇一五年の市議会答弁で、関口直久市議（日本共産党）から「市が生活保護の申請を受け付けない」いわゆる水際作戦を指摘されて、当時はまだ福祉課長だった助川直樹氏がこう答えている。

「ただ、我々としますと、やはり多くの市民の方たちが御自分の収入等で一生懸命に汗水流して仕事をしているという部分も片や生活保護の反対方には当然あるわけでございますし、そういうものも頭に置いた上で、やはり市民の福祉についてどうするかということの観点で、今後も御本人に対する御説明等はしていきたいというふうに考えております」

関口市議に「命にかかわること」と指摘されて、「我々のほうの説明をさせていただいている中には、相談者の御意見のほうがどう考えてもこう言っては失礼ですが、社会通念上いかがかなというようなことで御納得されないような御意見をお持ちの方もいらっしゃいます」と答えている。

国の制度を歪め、違法行為と不適切行為の数々を行なった結果、生活保護率を半減させた桐生市で君臨した助川直樹・保健福祉部長は、問題が発覚するや隠されるように異動し、人々の前に姿を見せなくなった。と思ったら、気がつけば定年退職をして現場から完全に姿を消していた。

そんな彼が残した議会答弁の数々は、桐生市が行なってきた水際作戦を裏づけるものであり、どのようなまなざしで市民を見ていたのかがよく分かる、情けなく、悲しく、残念であり、軽蔑すべき言動の数々である。

生活保護率増減マップの衝撃

桐生市問題は本当に「論外」であり、桐生市のみの問題なのだろうか。

研究者らで構成された「生活保護情報グループ」は、全国九七〇市区を対象とした「生活保護率増減マップ」を二〇二四年九月にネット上に公開した。過去一〇年間の保護率の変化が色分けにより一目瞭然となったこのマップは、知性と良心、そして福祉に関わるメンバーたちのプライドの結晶だ。

減少率が高くなればなるほどに赤色が濃くなるこのマップで、桐生市はもちろん真っ赤だ。ただ、驚いたのは、桐生市がワーストではなかったことだ。それどころか桐生市よりも減少率が高い自治体がなんと他に一〇カ所もあり、もっとも減少率が高かった自治体は六割近く保護率を減少させていた。その自治体で困窮者が減るような事態があったのならめでたいことなのだが、ワースト3の自治体のウェブサイトや市議会議事録で生活保護関連の発信や発言を読んでみると、桐生市と似たような差別意識や厳しい指導体質が、水に落とした油のように浮かび上がる。

信じたくはないが、世間を驚かせた桐生市問題は、実はどこにでもある問題なのかもしれない。市民が人権を尊び、監視を続けていかない限り、公的機関や制度はズタズタにされかねないということを、桐生市事件から私は学んだ。

過去一〇年間で生活保護率を半減させた桐生市。さまざまな証言やデータから、激しい水際作戦があったであろうことは群馬県からも指摘されているが、問題発覚から一年三カ月が経過した二〇二五年二月現在、桐生市はいまだ認めていない。検証を続けてきた第三者委員会は三月に終了する予定だ。多くの検証されるべき案件を残したまま。二月、全国調査団は第三者委員会の期間延長を求める要望書を提出した。

なかったことにされてたまるか

私は生活困窮者のさまざまなお手伝いをする団体の一スタッフであり、コロナ禍の生活保護行政があまりにひどかったために発信もするようになった。あくまで「支援者」というおこがましい立場で現場を伝えていたのだが、桐生市問題が発覚してからは、そのブラックボックスの中身を覗くために「フリーランスライター」というさらにおこがましい肩書を名乗り、傍聴、取材を重ねてきた。

同じ関東圏でありながら桐生は遠い。そして福祉行政は想像を超えるエグさで、毎回、燃えカスみたいになって長い旅路を東京まで帰ってきていた。もともと多忙極まりない日常、そして年々衰えゆく体力の中で、遠方の、しかもエグい桐生市の問題をこなしていくのは体力的・心理的にもしんどかった。

それでも私があきらめずに通えたのは、仲道宗弘司法書士がこれまで死闘を繰り広げてこじ開けた桐生市福祉のパンドラの箱を、再び閉じさせてはなるまいと思ったことと、取材を通じて出会った黒田正美さんをはじめとする証言者の存在があったからだ。彼女が残した数々のメモは私の脳裏に焼き付いた。「九年経ってやっと話せるようになりました」と聞かせてくれた壮絶な体験を、絶対に、絶対に無駄にはしないと誓った。桐生市の被害を受けた人たちがみな口を揃える、「もう誰もこんな思いを、二度としないように」、その言葉を実現しなくてはいけないと思った。

黒田さんと会った二〇二三年一二月、群馬特有の冷たい風がビュービュー吹いていた。夏は暑く、冬は凍るような冷たい風が吹く桐生市。遠くに見える山々が美しいあの街で、黒田さんや市民の皆さんが、福祉に守られて安心して暮らせるよう、祈念しながらこの本を書いた。

この記録をまとめるにあたり、立命館大学の桜井啓太氏はじめとする全国調査団の皆さん、生活保護情報グループの皆さんには感謝しきれないほどに助けていただいた。この場を借りて深謝します。勇気ある証言をしてくれた当事者の方々、怖くて証言はできなかったけれども固唾をのんで動向を見守った方々、SNS上で応援してくれた方々、大勢の方々が桐生市問題を改善すべく共に闘いました。依然として追及は続きますが、ひとまず、ありがとうございました。

最後になりましたが、仲道さん、記録を残しましたよ。これからも群馬をお見守りください。ご冥福を祈ります。

小林美穂子（こばやし・みほこ）
ライター、一般社団法人「つくろい東京ファンド」スタッフ。群馬県出身。著書に『家なき人のとなりで見る社会』（岩波書店）、『コロナ禍の東京を駆ける』（共編著、岩波書店）。

小松田健一（こまつだ・けんいち）
東京新聞記者を経て現在、東京新聞事業局出版部。2022年7月～24年8月、東京新聞前橋支局長。2024年「地域・民衆ジャーナリズム賞」「貧困ジャーナリズム賞」受賞。

桐生市事件――生活保護が歪められた街で

2025年3月26日――初版第1刷発行
2025年6月30日――初版第3刷発行

著者……………………小林《こばやし》美穂子《みほこ》・小松田健一《こまつだけんいち》

発行者………………熊谷伸一郎

発行所………………地平社
〒101-0051
東京都千代田区神田神保町1丁目32番 白石ビル2階
電話：03-6260-5480（代）
FAX：03-6260-5482
www.chiheisha.co.jp

装丁……………………アルビレオ

印刷製本……………モリモト印刷

ISBN978-4-911256-16-9 C0036

地平社 乱丁・落丁本はお取りかえします。

★貧困ジャーナリズム大賞二〇二四 特別賞
東海林 智 著
ルポ 低賃金
四六判二四〇頁／本体一八〇〇円

西岡秀三、藤村コノヱ、明日香壽川、
桃井貴子 編著
まっとうな気候政策へ
四六判二四〇頁／本体一八〇〇円

駒込 武 著
統治される大学
知の囲い込みと民主主義の解体
四六判二八〇頁／本体二〇〇〇円

岸本聡子 著
杉並は止まらない
四六判二二四頁／本体一六〇〇円

安彦恵里香 著
ハチドリ舎のつくりかた
ソーシャルブックカフェのある街へ
四六判二七二頁／本体一八〇〇円

平本淳也 著
ジャニーズ帝国との闘い
四六判二七二頁／本体二〇〇〇円

価格税別

地平社